# 学び合い育ち合う学校図書館づくり

## 新しい時代の学びのリノベーション

大正大学教授
### 稲井達也 著

Ｇ学事出版

# プロローグ

　本書は新型コロナウイルス感染症拡大後の社会、いわゆる「ポスト・コロナ」となる社会の変化を見通し、新たな発想で学校図書館の活用に取り組むことを提案した1冊です。学校図書館の周縁に関係することについても取り上げています。

　2020年2月の政府の要請を受けた全校休校措置の中にあって、学校図書館はどのように運営されていたでしょうか。

　これは高校の実践になりますが、熊本県立天草高校の学校図書館は、全校休校期間中の生徒の登校日にあわせて、学校図書館を開館していました。

　緊急事態宣言の発出下、不安ばかりが高まる中、学校図書館が開かれたことに救われた生徒は少なくなかったと思います。多くの人びとが、何ともいいようのないストレスを感じていたことでしょう。まして、子どもたちにとっては、かけがえのない学校生活がいっこうに再開されないまま、ただ時間だけが過ぎていきましたから、ストレスの強さは想像に難くありません。

　天草高校の学校図書館には、バランスボールを置いていたり、学校再開後の図書館オリエンテーションでは生徒の弾き語りがあったりと、いい意味で生徒にとっての「ゆるい場所」になっています。

　「ゆるい場所」を言い換えれば、教室でも保健室でもない、生徒にとっての第三の居場所、「サード・プレイス」としての機能を果たしているということであると私は考えています。このような「サード・プレイス」は、前例にとらわれることなく、生徒のために地道なチャレンジを積み重ねていく中から生まれてきます。

　本書では、学校図書館の基本的な骨組＝機能である読書センター、学習センター、情報センターという機能を大きく変えることなく、新たな

付加価値を与えていく「リノベーション」を提案しています。試行錯誤の取り組みの中から、子どもたちのための学校図書館の本質が見えてきます。

　天草高校の学校司書・宮本歩さんは、「学校図書館には多くの人が関わる方が良い」と言います。司書教諭と連携し、先生との関わりを工夫しています。

　多くの人が関わることによって、サード・プレイスは、さまざまな価値観を持つ生徒や教職員が集い、結果として、多様性を生み出していきます。多様性はこれからの社会にとって欠かせないものです。

　学校にはさまざまな配慮を必要とする子どもが学んでいます。多様性を認め合う文化をつくることは、これからの学校に欠かせません。しかし、けっして簡単なことではありません。

　本書では、一見すると学校図書館から遠い内容も取り上げていますが、どこかでつながっているはずです。読者のみなさんには、本書で取り上げたトピック相互のつながりを少しでも実感していただければ、著者としてはこれに勝る喜びはありません。

稲井達也

学び合い育ち合う
学校図書館づくり　もくじ

## 第2部 先生が自分を磨くための リノベーション

## II 学校図書館の情報化を進める
### 〜オンライン時代を生き抜く〜     95

## III 知識を生かす 社会につなげる     109

# 第1部
## 子どもの学びにつながるリノベーション

# I

# 新しい時代の学校図書館の運営・活用

# 学校図書館を
# 閉じてはいけない

## 図書館は最後の砦

　2020年2月、新型コロナウイルスの感染症拡大への対応として、政府から休校が要請されました。休校は約3ヶ月に及びました。授業時間数の確保のため、2020年度の夏休みは短縮されました。新型コロナウイルス感染症拡大前のような生活はできなくなり、ソーシャルディスタンスや3密（本来は密教の言葉ですが）という新しい言葉と生活様式が提唱され、教育活動は大きく制限されるようになりました。

　経済活動が縮小されたことにより、家庭の経済状況の格差がますます大きくなることが心配です。すでに感染症拡大前から、家庭の経済格差が見られるようになっていました。地域による格差もあります。生活に追われると、保護者は子どもに本を購入するような余裕はなくなります。

　学校にしても、新しい生活様式の名のもと、画一的に教育活動や施設・設備の利用制限が行われてしまうということも往々にして出てきます。先行き不透明な中にあっては、先生方も日々の授業運営に追われ、気持ちに余裕がなくなります。

　そのような環境の中では、人的に脆弱なところからまずは縮小されていきます。学校図書館はその一つといえるでしょう。学校司書が常勤で配置されている学校は多くはありません。人的な余裕がなければ、閉室している時間が多くなります。これまで学校図書館を昼休みや放課後に開室していた学校でも、昼休みは子どもが集中するので開けない、放課後はすぐに下校させる、などにより、学校図書館の利用が制限されていきます。

　しかし、学校こそ子どもに教育の機会を保障する必要があります。本と出会う場所、本を借りられる場所を維持し続けないと、本と離れてし

まう子どもがいることを忘れてはならないでしょう。

　学校は授業だけではありません。子どもたちは、友だちはもとより、さまざまな教育資源に囲まれて生活しています。本もその一つです。

　ポスト・コロナ、アフター・コロナの時代は、価値観を変え、これまでどおりにできないということを前提にしながらも、縮小できないところと工夫すれば縮小を抑えられるところを分けて考えていくことが大切です。学校図書館の場合、少し工夫することにより、コロナ前に実現できていたことに近づけることができます。

　大切なのは、子どもの気持ちへの配慮です。子どもたち自身も、不安な社会情勢の中では、大きなストレスをため込んでいきます。本のような文化的な素材は、子どもに気持ちのゆとりを持たせ、日常生活の汲々とした雰囲気から解放してくれます。だからこそ、学校図書館を閉じない工夫をしていくようにしたいものです。

## 学校司書がいない場合の「学校図書館を閉じないための工夫」

　学校司書がいない場合や配置されているとしても勤務が限定的で少ない場合、次のような工夫をします。

一、昼休みは、曜日ごとに利用できる学年を決めて、開室する。学校図書館は無人にしないようにする。

二、図書委員が務めるカウンター当番は、利用学年の委員の子どもに限って担当する。図書委員のいない学年（小学校低学年、中学年など）の対応は、教員が行うようにする。

三、返却された図書は１箇所に集約し、すぐには貸し出さず、一定期間をおいて貸し出すようにするなどして、子どもや保護者の安心感を得るようにする。

四、放課後の開室は曜日と時間を決めて、短時間であっても利用できるようにし、無人にせず、必ず教員を当番制で割り振るなど、

学校としての組織的な協力体制を整える。

五、図書館は居場所の一つと考え、できるだけ先生とも話ができる雰囲気をつくるように心がけ、"貸し出しだけする場所"というような無味乾燥な雰囲気はつくらない。

六、子どもの見通しが悪くなるような書架の配置や、換気の流れを妨げるような書架の配置は、できる範囲のなかで変更を試みる。

　また、学校図書館の利用に当たっても、教室と同じように感染予防に対する意識づけを図るようにします。神経質になりすぎる必要はありませんが、校内の統一を図ることが必要です。

## 【子ども向けの3つのルール】

一、こみあった場合は、ろうかで待ちます。

二、ひとりずつ間をあけてすわります。

三、図書館を利用する前とあとには、かならず手洗いをします。

# 子どものストレスに寄り添う読書指導 〜「聞く」ということ〜

## 『モモ』（ミヒャエル・エンデ）に学ぶ「聞く」ということ

　エンデの『モモ』は大人にもぜひ読んでほしい1冊です。大都市が滅んだ後、何世紀も経て、いくつかの大都市が残り、そこに生きる人々が描かれます。主人公の少女・モモは、廃墟に住みつきます。近所の人たちが力を合わせて廃墟を修繕し、住みやすくしてくれました。そして、モモのところには入れ替わり立ち替わり、次々に大人たちが訪ねるようになります。モモのところに来て、みんな何かを話し込んでいます。モモがしていることは、相手の話を聞くことだけでした。モモに話を聞いてもらうと、まともな考えが浮かんできたり、迷っていた人は意志がはっきりしてきたりします。また、引っ込み思案の人は急に目の前が開け、希望と明るさが湧いてくるようになります。

　モモのエピソードは、私たちに大切なことを示唆しています。人の話を聞くことの大切さです。しかし、人の話を聞くということほど、難しいことはありません。「聞くこと」は「寄り添うこと」だと思いますが、

1976年、『モモ　時間どろぼうとぬすまれた時間を人間にかえしてくれた女の子のふしぎな物語』として刊行された

岩波少年文庫版で手に入る　　　　　愛蔵版も出ている

　大人はつい子どもの言葉にひとこと挟んでしまいます。先生もそうです。しかし、不安な社会情勢の時こそ、大人たちは、子どもの話に耳を傾けることが大切です。子どもは敏感ですから、「あのネ……」と先生と話したくても、「先生も大変だから……」と、先生の大変さを感じ取り、低学年であれば、以前よりも先生に近寄ってこなくなる、話さなくなるということが考えられます。駄々をこねるようになる、甘えるようになるという現象も出てきます。高学年や中学生であれば、大人として振る舞おうとするでしょう。あるいは、問題行動として出てくる場合もあります。

　そんな時こそ、子どもの言葉に耳を傾けるということが大切です。私はカウンセリングを専門的に学んだことがありますが、繰り返し訓練されたのは、人の話に耳を傾ける、つまり、傾聴するということでした。

　臨床心理学者の河合隼雄氏（京都大学国際日本文化研究センター名誉教授。元文化庁長官。2007年逝去）は、ファンタジーが子どもの心にもたらす意味について多くの著書で触れています。優れた児童文学は、大人にも多くのことを教えてくれます。河合氏が『ファンタジーを読む』で取り上げた作品には、フィリパ・ピアス『トムは真夜中の庭で』、メアリー・ノートン『床下の小人たち』、ル＝グウィン『影との戦い　ゲド戦

記』などがあります。

　私たちには優れた物語が必要です。私たち自身もある意味で物語を生きています。一人ひとりに物語があるということです。もちろん子どもにも。

　優れた児童文学を読むということは、子どもが生きる世界を実感し、子どもの気持ちに一歩でも近づくことになるのではないでしょうか。

## 【もっと学びたい人のために】

河合隼雄著〈子どもとファンタジー〉コレクション　全て岩波現代文庫

・『Ⅰ　子どもの本を読む』
・『Ⅱ　ファンタジーを読む』
・『Ⅲ　物語とふしぎ』
・『Ⅳ　子どもと悪』
・『Ⅴ　大人になることのむずかしさ』
・『Ⅵ　青春の夢と遊び』

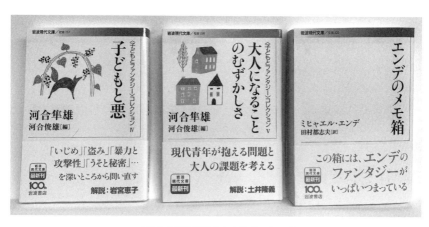

お勧めの岩波現代文庫のラインナップ

# ポスト・コロナの学校図書館活用の工夫

## 不安な気持ちに寄り添う

　コロナ禍の中では、子どもたちはストレスを溜め込んでいます。大人たちの不安が子どもに伝わります。近年の読書指導では、読書が学力向上に役立つものという認識の中で重視されてきたという傾向があります。もちろんこのことに異議を唱えるつもりはありません。

　しかし、学校が授業時間数を確保したり、学校行事などの通常の教育活動を制限したりする中では、子どもたちの学校生活には楽しみが少なくなります。「ハレ（晴れ）」と「ケ（褻）」のうちの「ハレ」が減り、緊張に満ちた日常生活「ケ」が続いていくからです。

　オンライン授業は、テレビゲーム以上に疲労するという指摘もあります。つまり、オンラインによるストレスです。緊張感のある時こそ、読書は楽しみの一つになります。楽しみのための読書には読書習慣を定着させるというねらいがあります。しかし、コロナ前の"楽しみのための読書"とは意味合いが異なります。気持ちに余裕がなければ、読書を楽しむという状態にはなれません。

　ポスト・コロナに求められるのは、子どもの心のバランスをとる、子どもの気持ちを緩やかにするという意味での読書という視点です。新たな視点で子どもたちに心の栄養を取り入れていくことが大切です。

## 感染症を防ぐ対策

　飛沫感染や濃厚接触を防止するため、「おしゃべり禁止」というようなルールを決めてしまうと、子どもたちのストレスはどんどん溜まっていきます。学校図書館は、子どもに緊張を強いることのない場所にしながら、ソフトに感染症を防ぐために工夫をしていく必要があります。

- 利用頻度の高い本は複本になるように新たに購入する
- 換気をした際に空気の入口と出口の流れができるようにするため、空気の流れを書架が妨げる場合は、配置を変更する。
- パソコンのキーボードは適宜アルコールで拭く。
- 学校図書館の利用後には手洗いをするように推奨する。
- ブック・トラックを利用して、クラスに持ち込む（※校舎の構造上、ブックトラックの移動が困難な場合があります）
- 近くに空き教室があれば、第2図書館として設置する（ブック・トラックを活用する）
- 席を一つ空けて座るようにルールを周知し、不要な椅子を撤収する
- 入館できる人数制限を設ける

## 新たに本の展示を見直そう

　学校図書館が子どもにとって楽しみな場所、気持ちを落ち着かせて日常生活の緊張から解放されるような場所にしたいものです。そのためには、本の展示方法を見直します。そして、本に関するさまざまな情報提供をします。例えば、1冊の本の内容についてひと言を書いたポップをつけます。あるいは、クラスに本を展示するのもよいでしょう。

**【「すてきな書店員さん」の実践例】**（仙台市立八木山南小学校、2014年）

# 教室を学校図書館の分室にする

## 学級文庫を見直す

　学級文庫では、教室という子どもたちが1日の多くの時間を過ごす場所に小さな本棚を設置し、本に親しんでもらう環境を整えます。近年は学級文庫はあまり見なくなりました。しかし、学校図書館に子どもたちが集中することを避けるためにも、学級文庫の良さを見直してみてはどうでしょうか。

　学級文庫は、学校図書館とは別の枠組みで、教室に単独で設けられます。また、学校として学級文庫を位置づけるというよりも、学年や担任の裁量による独自の取り組みである方が、自由に運用できるため好まれるようです。

　しかし、ポスト・コロナでは、学級文庫を学校図書館の分室のように位置付けて、学校図書館の機能を分散させるという意味で見直してはどうでしょうか。

　この場合、学年で共通して同じ本を購入し、各教室に配分します。選書は司書教諭や学校司書が中心になって行います。担任や教科担当（中学校の場合）の先生の意見を取り入れて選書することを大切にします。

　図書の所管は学級ではなく、図書館の所管扱いとします。図書館の本を各教室に配置するという発想をとります。

　貸し出しをする場合にも、ノートに記載するという方法をとります。

　管理がどうしても難しい場合には、朝の10分間読書や読書の時間に限定して、家庭への貸し出しは行わないという方法もあります。

　学校の図書購入費が学級文庫に充てられるほど余裕がない場合、PTAに協力してもらい、本の購入費用に充てるという方法もあります。ただし、PTA予算ともなると、学年単独の判断ではできませんので、や

はり、学校として全学年での取り組みということが適しています。

　学級文庫の本を選ぶ場合、物語や小説だけではなく、科学的な内容などの読み物も入れるようにします。事典や図鑑といった比較的高価な本は図書館に置くようにします。

## 教室を図書館の分室にする

　探究学習で複数のクラスが学校図書館を使うともなると、子どもたちの密集が避けられなくなります。この場合、他学年が使う本と競合しなければ、ブック・トラックに関係する本を載せて教室に持っていくという方法があります。ただし、図書館と教室のフロアが異なり、エレベーターがない場合には、ブック・トラック自体が重いため、手持ちで運ぶことになりますので、大きな負担になります。しかし、一度、学年同士や教科同士で協力して教室に運んでしまえば、同じ学年の教室はたいてい横に並んでいますので、時間割が重ならないようにして、使い回すことができます。

## 大切なのはカリキュラム・マネジメント

　学校図書館の本を一定期間だけ教室に移動させて活用するには、他学年や他教科が用いる本と重ならないようにしなければなりません。このためには、先生たち同士でコミュニケーションを図ることや、職員室内に利用状況を掲示をするなどして情報共有を図ることが大切です。そうしないと、いざ教室に関係する本を移動させて学習しようと思っても、他学年や他教科で使用しているため使えないということが起きます。

　このような新たな工夫をきっかけにして、お互いの取り組みを「見える化」するとよいでしょう。先生たちがお互いに情報を共有し、他学年、他学級、他教科のカリキュラムに対する関心を持って、確認したり調整したりする、つまり、カリキュラム・マネジメントを心がけるようにしましょう。

# コンピュータ室と学校図書館をつなげる

## 情報活用能力を養う場所

　コンピュータ室と学校図書館が離れた場所にある学校は少なくありません。近年では、学校図書館とコンピュータ室は情報活用能力を養う場所と捉えて、2つの施設が一体化した学校が見られるようになってきましたが、まだ稀な例です。

　学校図書館に検索用のパソコンが置かれている学校は多くなっていますが、インターネット検索用のパソコンは全くなかったり、たとえあったとしても台数が少なかったりします。学校図書館は学習・情報センターです。インターネットでは、最新の情報が得られますが、図書では限られます。デジタル・ネイティブといわれる子どもたちはインターネットに頼りがちです。子どもたちに情報活用を指導する場合、図書も使って調べるという習慣を身につける必要がありますが、指導で大切なのは次の点です。

---

①必要に応じて複数の情報源に当たること
②目的に応じて情報源を選んで活用すること

---

　学校図書館とコンピュータ室が離れた場所にある場合は、必要に応じて、学校図書館で図書を使って情報を探し、最新の情報が必要なときにはコンピュータ室を使うようにします。

## 弱みを強みに変える発想の転換

　大切なのは、場所ではありません。むしろ、学校図書館とコンピュータ室を情報活用能力を育成する学習・情報センターとして、カリキュラ

## 【学校図書館とコンピュータ室は学習・情報センター】

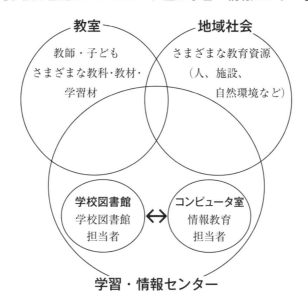

ムの中で一体的に捉えることが大切です。

　「学校図書館で本を使って調べる」時間を設けた後、後日の授業では、「コンピュータ室を使ってインターネットを使って調べる」という時間にします。

　このような時間によって用いるメディアを使い分けることは、一遍にさまざまなメディアを使って調べるよりも、一つのメディアに集中して調べることができます。学校図書館とコンピュータ室の場所が離れていることは、デメリットではありません。むしろ、コンピュータ室はコンピュータの使い方を学ぶ場所という発想から脱却して、広い意味での情報との向き合い方を学ぶ場所であると考えることが必要です。場所に縛られず、目的に応じて施設を使い分けることにより、子どもたち自身も場所に応じた使い方への気持ちの切り替えができるようになります。

# 新たな観点で 絵本を見せる

## 絵本の効用

　子どもたちは感染症との闘いが長く続く社会情勢の中にあって、いろいろなことを考えたと思います。特に長期間の休校はこれまで経験したことがありませんでした。その経験を子どもたちがこれからの生活の中で「ひとつの智慧」として生かすために、学校図書館の本を大切な学習材として生かす方法を提案します。

　絵本は読書のハードルがそれほど高くはない読書材です。絵が描かれているため、イメージを共有しやすくなります。

　また、多くの子どもが読んだことのある作品もあります。教科書教材として掲載されている作品もあります。そのような本だからこそ、再読のための新た観点を提供し、改めて読んでもらうような展示を行います。

　もちろん、本はどのように読んでもいいわけですので、一つの方向に導くという意図的なことではありません。しかし、一つの羅針盤として、「このような見方で読んでみてはどうだろうか」という観点を示すことは、子どもの本の読み方を広げます。このような本の並べ方は、書店ではよく行われています。

## 新たに見直す

　コロナ禍は、高度に発達したグローバル社会の中で、経済的な成長ばかりを目指してきたようなこれまでの価値観の見直しを迫りました。人件費の安い国に工場を設置して、モノを生産することの問題点が指摘され、国内に生産拠点を移す企業が出てきましたし、政府もこれを資金的に支援しています。テレワークも会社に行くことの意味を問われる方法になりました。つまり、当たり前のように続けてきたさまざまなことに

対する価値観が変わったのです。

　これまで子どもたちによく読まれてきた名作といわれるような絵本でも、ポスト・コロナに大切にすべき新たな価値観という観点で見直すという捉え方で考えてみましょう。試しに絵本を組んでみました。SDGsにもつながる観点でも考えてみました。

【例　新たな視点で絵本を組み合わせて、読みの観点を示す】

○『スイミー』（レオ・レオナーニ、谷川俊太郎訳）
　私たちが力を合わせるのはどんなときだろうか？
　（分断ではなく、共生や相互扶助へ）
○『小さなおうち』（バージニア・リー・バートン、石井桃子訳）
　私たちはどのような街づくりをしたらいいだろうか？
　（成長だけをめざした都市開発から、持続可能な社会へ）
○『ぼくがラーメンたべてるとき』（長谷川義史）
　世界の子どもたちが置かれている暮らしを想像してみよう
　（子どもの貧困をなくし、教育を受ける機会の保障へ）
○『100万回生きたねこ』（佐野洋子）
　ねこが最後にたどりついた気持ちを想像してみよう
　（命を慈しみ、命への想像力を大切にする）

【「ポスト・コロナに大切なもの '分断' から '共生' へ　これからの社会に必要な '想像力' を育む絵本」というテーマの棚】
（大正大学附属図書館、2020年10月）

# 7 学校図書館を子どもの居場所にする

## 図書館は子どもたちのサード・プレイス

　学校は、教室をはじめとして、常に子どもたちが評価される場所です。先生方の職員室での何気ない雑談の中に、子どもたち一人ひとりに対する評価が見られます。良いものから悪いものまで含めて、先生方の子ども観が反映されます。

　子どもたちの目線に立つと、評価の視線から解放され、落ち着けるのは保健室と学校図書館くらいしか見当たりません。心身の不調を伴わないと行きにくい保健室もありますが、特に用事がなくても養護教諭に気軽に話を聞いてもらえるような雰囲気の保健室もあります。学校の文化や養護教諭の先生の考え方で保健室の位置付けは変わる場合もあります。

　学校図書館は、教室や保健室ではなく、部活動でもない、校内の第三の場所、つまり「サード・プレイス」です。大人にとっても、仕事場でも家庭でもない第三の場所が生活を豊かにするといわれています。仕事場と家庭はそれぞれに役割が求められ、その役割に応じた立ち居振る舞いが必要です。

　しかし、第三の場所、サード・プレイスは、ジムやサークルなどの自主的な活動、生涯学習講座のような共通の学びを行う場所であったりします。イギリスの場合は、パプが地域社会のコミュニティとして機能しているといわれています。

　学校もまた子どもには、児童生徒としての相応の役割が求められています。学校図書館はそういうものからいったんは離れて、本という媒介を通して、自分自身と向き合ったり、あるいは他の友だちと話したりする場です。他者による評価は伴いません。気持ちが自由になれる、息抜きの場所なのです。

## 居場所にするための工夫

　このようなサード・プレイスとして学校図書館を見直し、子どもたちの昼休みや放課後の居場所の一つにしてみてはどうでしょうか。

　カーペットを敷いてゴロゴロと横になれる場所をつくる、静かにするのではなく、時間を決めて自由に話してもいいことにする、時には読み聞かせなどの小さなイベントを開催するなど、ちょっとした工夫で子どもたちが来室してみようという気持ちになります。

　近年の公共図書館では、子どもたちの居場所づくりをめざして、児童書やヤング・アダルトのコーナーがくつろぎの空間になるように「あそび」の要素を取り入れています。学校図書館にも取り入れたい発想です。

　先生には余裕がありません。学校司書やボランティアなど、先生以外の人が関わってほしいと思います。もちろん、司書教諭にはそのコーディネートを担い、学校図書館を柔軟に運営する柱となってほしいのです。

子ども用閲覧席

児童書コーナー

児童書コーナー

中高生（ヤング・アダルト）用閲覧席

**みんなの森ぎふメディアコスモス・岐阜市立中央図書館（2019年）**

# II

# アナログとICTを
# ハイブリッドに
# 活用する

# 子どもがタブレットを
# 持っていなくてもフル活用

## ICT活用の遅れ

　2020年3月2日、新型コロナ・ウイルスの感染症拡大に伴う政府による全校休校の要請により、全国のほとんどの学校は休校しましたが、その結果、日本の学校教育の弱点が露呈しました。オンライン授業ができたのは多くの私立学校と一部の公立高校、そして大学でした。

　特に大学では、2000年代中頃から、オンラインによる授業支援システム、シラバスや成績のオンライン入力の環境を整えていましたので、全面的なオンライン授業への移行はそれほど大変なことではありませんでした。データ容量の多いスライドや動画を自前のサーバーだけでは賄えませんので、外部のクラウドにリンクして学生に提供するための環境やzoomやWebex、Teamsやstream（office365）などのソフトウェアが全学的に使える環境を整えました。

　すべてを1つのシステムだけで行えるようにするためには共通のプラットフォームを構築する必要があります。これは今後の課題となっていますが、情報環境の整備には巨額な予算を必要とするため、簡単なことではありません。例えば、40人がWi-Fiに接続できてもスピードが落ちないような環境にするには、多額の費用がかかります。

　オンライン授業の環境整備は大切です。しかし、もっと大切なのは、日頃から教員の一人一人がICT活用を取り入れた授業を行えるように多様なスキルを身につけておくことなのです。

## ICT活用のメリット

　ICT活用のメリットとしては、例えば、子どもがタブレットを用いて学習課題を進めていく中で、ネットワークを介して先生は一人ひとりの

子どもの学習状況を把握できる点があります。つまり、一人ひとりに対応した学習が可能で、個別最適化された学びが実現できます。ペーパーレスを実現し、ネットワークを介して、授業の中でつくったものが画面上で共有できますし、保存も可能です。

## ピンチをチャンスに変える

　この機会にICT活用にチャレンジしてみましょう。授業に用いる子ども用のタブレットがなくても、先生用のタブレットと紙を併用することにより、情報の共有を図ることができます。（次頁参照）

　タブレットは機動性が高い点が特徴です。タブレットにはカメラがついています。教室を飛び出して、外や体育館でも撮影できます。子どもの跳び箱の動きを動画で撮影して、モニターにつないでその場で確認することができます。

　また、書画カメラがあれば、実物や資料を拡大して提示できます。タブレットに比べるとハードルは低いので、ICT活用が苦手な先生は、まずは書画カメラの導入から初めてみるのがよいでしょう。

　教室のモニターとパソコンをつなげば、ウェブサイトの画面を音声とともに視聴することができます。これまでのNHKの学校放送には優れたコンテンツが多くあります。また、総合テレビのコンテンツもデジタル化され、それぞれウェブサイトで視聴することができます。

NHK for School

NHKアーカイブス

# アナログ版
# スライドづくり

## アナログ版スライドづくりを取り入れてみよう

　学校に１クラスの人数分の子ども用タブレットがなくても、先生用の
タブレットが１台、電子黒板やプロジェクターがあれば、コンピュータ
によるスライドづくりを模して、子ども主体の学習が実現できます。

　プレゼンテーション用のソフトウェアを使わなくても、紙と併用して
子どもが思考したことを大きく投影し、教室内で情報を共有できます。
個人の学習でも応用できます。アナログとデジタルを融合した方法です。

## 紙を使いこなそう

　１枚の紙を使います。１枚の紙の全面を使ってまとめ、タブレットで
撮影して、教室内に映し出し、子どもが説明する際に使います。

　きちんとしたプレゼンテーションを行う場合には、紙を２つに折れば、
裏と表で合わせて４枚のスライドとして使えます。４つに折れば、８枚
のスライドになりますが、１つの画面が小さくなってしまいますので、
ややまとめにくくなります。１人の学習には適していますが、グループ
で作業をするには、顔を突き合わせないとまとめにくくなります。ソー
シャル・ディスタンスを守るには、望ましくない方法です。

　もちろんデジタルでまとめさせる方法もありますが、紙を用いて、自
由に記号や色を使うなどして、「情報の見せ方」を少しずつ工夫するよう
に促しながら、段階的に指導していきましょう。

## 学習の振り返りがとても大切─スライドづくりは手段─

　大切なのは、発表まで終えて、学習を振り返ることです。仮に実際に
タブレットを活用しようとも、あくまでもスライドづくりは学習の手段

## 【1枚の紙を用いた4枚のスライドづくり】

| | |
|---|---|
| ①それぞれが話し合い、4枚のスライドの構想を練る  | ②紙2つ折りにすると、表と裏で、4枚のスライドになる 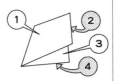 |
| ③4枚に切り離す  | ④それぞれが役割分担に応じて自分が担当するスライドを書く  |
| ⑤4枚の紙を、別紙の表と裏に貼り付ける 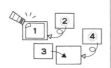 | ⑥4人で説明の仕方を話し合う  |
| ⑦先生が各班のスライドをタブレットのカメラで撮影する  | ⑧タブレットを電子黒板やプロジェクターに接続して、映し出す  |
| ⑨子どもが前に出て、画面を見ながら、説明する  | ⑩4人で学習を振り返る  |

であって目的ではありません。どれほど工夫した学習方法であっても、それは単元の学習目標を効果的に達成するための手段でしかありません。

　単元の学習目標を明確に設定して、子どもたちには学習の振り返りをさせましょう。お互い話し合いながら、相互評価や個別の自己評価で振り返りを行います。学習を振り返ることで、子どもには学習内容が改めて認識され、次の学習に生かせるような"かまえ"ができていきます。

　スライドのまとめ方について振り返る必要はありますが、単元の学習目標に対してどれだけ達成できたかを振り返ることが大切です。

# 教材・学習材センター
# としての学校図書館

## 授業の情報を共有する

　先生は授業づくりに追われています。指導書の単元指導計画や学習指導案を見れば、ある程度は満足のいく授業ができてしまいます。しかし、指導書に掲載されている単元の指導計画や学習指導案は、あくまでも一般化された子ども像を想定したものです。目の前の子どもの実態に即した授業を行おうとすると、手づくりによる学習の手引き、資料、ワークシートなどの補助資料が必要になります。

　しかし、教師の文化は"個人商店"が根底にあるため、特に授業の運営は個人任せになっています。指導法も補助資料なども門外不出で、教室の経営者である先生に任されていますので、優れた実践や補助資料が共有財産にはなりません。経験の浅い教員にとっては、ロール・モデルとなるようなものがどうしても必要なはずです。

## 教材・学習材センターとしての学校図書館

　若手教員の授業力向上だけではなく、学校全体として授業力を向上させるためには、仕組みづくりが必要です。例えば、教務主任や研修主任が中心になって、学校図書館担当者と連携し、学校図書館に手づくりの教材を集めます。そのままコピーして使うというよりも、授業づくりの際に参考にするというスタンスで、先生たちの手づくりの教材を集めます。併せて、教育用の参考資料、使わなくなった指導書なども集約しておきます。学校図書館の一隅や執務室内に先生用の棚を置き、資料を集め、自由に活用できるようにします。公費で購入することのできる教育関係の図書があれば、同じように集約しておきます。教科ごとの準備室がある高校では、教材研究用の共用の図書が整っている学校があります。

仮にそういう部屋がないとしても、高校では学校図書館には一般書が中心のため、生徒用の図書は教材研究にも用いられます。小・中学校の職員室でも教材研究はできますが、少し落ち着いて準備したい先生が学校図書館に籠るという文化が根づいてもいいように思います。現在使っている現役の指導書などの資料は職員室にないと不便ですので、資料の性格によって学校図書館と置き場所を分けるようにします。

## 子どもの学習成果物は立派な学習材

　自分のクラスや教科担当として行った授業で、子どもがつくった学習成果物は、単元が終わった際、あるいは、学期の終わりに子どもに返却します。しかし、子どもに返却してしまったら、あとで見たいと思っても何も手元にはありません。子どもの学習成果物は、たとえ短い期間だけでもいいので、校内に保管し、教員が共有するための仕組みをつくります。

## １枚の紙にまとめて書類ボックスに保管する

　学習成果物を残しておきたい場合は、子どもに確認したうえでコピーをとって、書類ボックスに入れます。このコピーした学習成果物は同じ単元を学ぶ子どもにすぐに学習例として活用できます。また、翌年まで保管しておけば、他の学年やクラスで学習例として活用できる学習材になります。これは学校図書館を授業の情報の集積地として活用するための方法です。

　保管は手間がかからないようにしないと長続きしません。ファイルに綴じる手間だけでも面倒になります。単元ごとにクリアファイルに入れます。付箋に日付や単元名を記入してクリアファイルに貼っておきます。

　ただし、その際に気をつけなければならないのは、個人が特定されないように名前を黒塗りするなどして個人情報を「匿名化する」ということです。また、保管年限を決めて、不要になったら必ず裁断するようにします。

# 良質な「問い」と言語活動で授業をデザインする

## 「主体的・対話的で深い学び」の実現のために必要なこと

　「主体的・対話的で深い学び」の実現を図るためには、子ども主体の「学習プロセス」を意識した授業が大切です。そして、その中軸となるのは、良質な「問い」と言語活動です。

　まず、単元のはじめに子どもが単元の学習目標や学習の見通しをもちます。次に、主に教科書を用いて、基礎・基本となる知識を習得します。そのうえで、単元で中心になる「問い」を学習課題として共有します。「問い」は子どもの疑問を含みます。これは「インプット」の学習プロセスです。

　次に、「問い」を解決するため、資料集や図書、インターネットなどの情報を読み解くこと、話し合いをすること、書くことといった言語活動を通して、「問い」の解決をめざしていきます。理科では実験や観察を通して、ノートなどに記録します。これらは、「インテーク」の学習プロセスです。学校図書館の資料が必要になる場合もあります。

　そして、得られた知見をもとに話し合うこと、紙やミニ・ホワイトボードに書くことなどにより、自分たちの思考を「見える化」しながら、思考を整理するとともに、子ども同士で共有していきます。これは「アウトプット」の学習プロセスです。

　最後には、学習を通して得られた知見を再構成したり整理したりしながら、「問い」の答えとして整理します。このプロセスでは、教師の直接的な指導が必要になる場合があります。

　このような「問い」の解決をめざした学びでは、一連の学習プロセスを、スモール・ステップで少しずつ先に進めるようにデザインしています。

　単元の中心となる良質な「問い」が授業デザインの中軸になります。子どもたちが自ら「『問い』を立てること」ができるようになるのが理想

ですが、そう簡単なことではありません。「問いを立てる」ことができる
ようになるためには、さまざまな教科、総合的な学習の時間で、このプ
ロセスを繰り返し経験することが必要です。

**【子どもの思考力・判断力・表現力に培う学習プロセス】**

＜学習プロセス＞

① 単元の学習目標を示し、子どもが授業の見通しを持つ

② (1) 主に教科書を用いて、内容を理解し、基礎・基本となる知識を習得する。
　 (2) 学習課題や疑問を「問い」として共有する。

　※理科の場合
　(1) 教科書を用いて、学習課題や疑問を「問い」として共有する。
　(2) 「問い」を解決するための実験や観察のねらい、方法や手順などを理解
　　　する
　(3) 「問い」に対する仮説を立てる

③ 必要に応じて資料等を用いて、話し合いやノートやシート等に書く（図表
　を用いることも促す）などの言語活動を通して、「問い」の解決を図る
　※理科の場合、「問い」の解決を図るため、実験や観察を行い、ノート等に
　　実験や観察の記録をとり、仮説を検証する

④ ノートや紙、ミニ・ホワイトボード等を活用し、書いたりペアやグループ
　で伝え合ったりし、情報を発信する
　※理科の場合、記録を活用し、実験や観察を振り返り、ペアやグループなど
　　で話し合いながら、仮説の妥当性を検討する

⑤ まとめたことや考えたことを教室で共有し、情報を整理するとともに、「問
　い」に対する妥当性のある「答え」を導き出す。また、導かれた知見に基
　づいて、知識として整理する。また、必要に応じて、関連する資料を参考
　にする

⑥ 自己評価や相互評価により、学習を振り返る

# 子どもの学習履歴を「見える化」する

## 子どものさまざまな学習履歴

　単元が終わると学習は完結し、次の単元に移ります。単元同士は何らかのつながりがあります。子どもの学習は一つのつながりを持っています。

　単元の学習の形跡は、ノート、プリント類、ドリルなどの教科書に準拠した問題集などに残ります。これが具体的な学習履歴です。学校図書館を活用して個人やグループでつくった学習の成果物も学習の形跡です。

## 学習振り返りカードを使って学習履歴を整理する

　単元の終わりに単元ごとの「学習振り返りカード」に学習を振り返って記入します。

　全ての教科で行うと漫然としてしまい、メリハリがつかなくなりますので、教科の特性を考え、内容の系統性を大切にする教科、例えば、算数・数学、理科や、探究学習を行う「総合的な学習の時間」で導入します。

　「学習の振り返り」が最も大切な項目です。わかったこと、よくわからなかったこと、もっと学んでみたいと思ったことに分けて記入するようにすれば、子ども自身が自分の学習を相対化して捉え直すことに役立ちます。先生にとっては、子どもの学習を支援するためにつまずきを把握したり、子ども自身の強みを見つけたりするために積極的に活用できます。

　「学習の振り返り」では、全ての項目を記入できない子どももいるはずです。特に「よくわからなかったこと」は、先生に評価されるのを警戒して書きたがらない子どもも想定されます。子どもがこの項目を書いた

場合には、ていねいな声がけをしていくことが大切です。

　オンライン授業（遠隔授業）の際には、このカードの内容を電子化し、学習の振り返りとつまずきそうな子どもの把握と個別指導に活用します。このように、子どもの学習をより個人に合ったものにしていく（学習の個別最適化）ための参考資料として活用できます。

**【学習振り返りカード】**

| 単元のなまえ | |
|---|---|
| 学習年月日 | 　　　年　　月　　日 ～　　　　年　　月　　日 |
| 学習したこと | ・<br>・<br>・ |
| 学習のせいか | ノート　　　プリント<br>まとめたり作ったりしたもの（　　　　　　　　　　　） |
| 学習の振り返り | ・わかったこと<br><br>・よくわからなかったこと<br><br>・もっと学んでみたいこと |

　「学習振り返りカード」は、プリントや学習成果物とともに、クリアファイルに入れてボックスに収めたり、ファイルに閉じたりするなどして整理するようにし、必要なときにすぐに取り出せるようにします。これは情報を整理するという点でも身につけておきたい作業の一つです。

　学びには連続性がありますので、「学習振り返りカード」を読み直すという機会がないと意味がありません。例えば、新しい単元に入るときに、カードに記入した流れでそのまま新しい単元に入る、前の単元の学習内容と関連性のある内容を取り上げたときにカードを取り出して確認する、などで活用するようにします。

# 6 学問の入門書で本の広い世界に導く

## 子どもの可能性を切り拓くのが学校図書館

　子どもは関心を持ったことに対して、大人の予想を超えるほどの集中力を持って取り組みます。英才教育は家庭教育が担うというイメージがありますが、学校は子どもの知的好奇心を刺激する材料に満ちていますので、学校こそ子どもの可能性を引きだすきっかけが用意されているという見方もできます。

　子どもがどのようなことに関心を持つかは予測もつかないのです。学校図書館では、物語や小説だけではなく、子どもの可能性を切り拓くためのさまざまな材料を揃えるようにしたいものです。

## 専門的な世界に導く

　一般書の中に、研究者や実業家などが執筆した子ども向けの入門書があります。例えば、『16歳からのはじめてのゲーム理論』（鎌田雄一郎著／ダイヤモンド社刊）は、意思決定の可能性などを予測する最新のゲーム理論について、海外の大学に所属する気鋭の研究者が物語仕立てで分かりやすく説明しています。タイトルに「16歳」とありますが、物語やイラストに助けられて、小学校高学年や中学生にとっても楽しめる内容になっています。大人が読んでも面白い1冊です。『13歳からのアート思考』（末永幸歩著／ダイヤモンド社刊）、『図解でわかる14歳からの天皇と皇室入門』（大角修・インフォビジュアル研究所著／山折哲雄監修／太田出版刊）、『こども六法』（山崎聡一郎著／弘文堂刊）など、さまざまな学問分野の本が刊行されています。

　中には安易な編集の本もありますので、「○○歳からの…」という本の全てがよくできているわけではありません。購入する際には、書店の見計らい選書を利用したり公共図書館で借りたりするなどして、自校の子どもの実態を考慮しつつ、中身をよく見て判断することが大切です。

『16歳からのはじめてのゲーム理論』（鎌田聡一郎著／ダイヤモンド社刊）、『13歳からのアート思考』（末永幸歩著／ダイヤモンド社刊）、『図解でわかる 14歳からの天皇と皇室入門』（大角修・インフォビジュアル研究所著／太田出版刊）、『こども六法』（山崎聡一郎著／弘文堂刊）

## 子どもを新書に導く

　岩波ジュニア新書やちくまプリマー新書はそれぞれすでに長い歴史を持ち、多様なテーマをていねいな編集で分かりやすく読めるようにしたジュニア向けの新書です。新書は一つのテーマを深く掘り下げたものです。近年では、大学生や社会人でも新書を読まなくなっています。高校では、教科や総合的な探究の時間で探究学習を大幅に導入する学校が増えてきています。授業と連携して、学校図書館の別置コーナーに新書を展示したり、新書だけの別置コーナーをつくったりするなどして、生徒に新書を推奨する高校が見られるようになっています。回転書架にジュニア向け新書を納めている小・中学校の学校図書館は少なくありませんが、書架から取り出して別置し、コーナーとして展示してはどうでしょうか。

　ジュニア向け新書には硬派なテーマも含まれます。中でも法学の本は、中学校社会科の公民分野や高校の新科目「公共」にもつながります。小・中学校の段階から新書に触れることは、高校や大学の学びだけではなく、実社会・実生活にもつながるような読書体験をもたらすはずです。

## 子どもとのていねいな読書相談が大切

　子どもの興味や関心を聞き取って本を勧めたり、1冊読んでさらにその学問分野について「もっと知りたい」と思った子どもに他の本を勧めたりするなど、読書相談を中心としたていねいな交流に努めることが大切です。読書の広い世界を子どもたちに見せたいものです。

# 理科読書を取り入れ、実験や観察の知識を裏づける
## ―オンラインを視野に入れて取り組む―

## 実験・観察が大切な理科の授業

　理科の学習では、問題を発見する力、根拠をもとにして予想や仮説を立てる力、解決方法を考え出す力などを育てることが大切です。また、根拠に基づいて説得力のある妥当な考えを導き引き出すことも大切です。

　理科の授業で実験や観察の時間を十分に確保し、考える時間を確保することが必要なのはいうまでもありません。実験で現象の不思議さに触れたり、観察で実物に触れたりすることで、子どもたちは「なぜだろう？」「どうしてだろう？」という思いを深め、疑問の解決に取り組む意欲が高まります。

## 実験や観察を裏づける知識を得るために参考図書を読む

　実験や観察からさまざまなことがわかりますが、はっきりわからないことも出てきます。例えば、アリの人工巣（アリの巣飼育ケース）の観察に併せて、アリの生態についての本を読むことで、さまざまな動きをしているアリの行動の裏づけとなる知識が得られます。

　実験や観察を通して得られた知見を授業の中で持ち寄り、一つの知識として整理した後、その知識を裏づけたり、より詳しく知ったり際に、関連する図書を活用します。

## 理科読書で気をつけること

　実験をする前に子どもたちに実験結果の予想を考えさせ、実験で検証する、いわゆる「仮説検証型授業」を行う場合、全てが明らかにされている図書を併用すると、子どもたちが仮説を考えるという学び自体が成立しなくなってしまいます。

　探究学習、いわゆる調べ学習では、疑問を解決するためにさまざまな図書資料に当たることが行われます。

理科の授業で仮説検証型の学習を取り入れる場合は、問題意識を掘り起こしながら、子どもたちは考えをめぐらして仮説を立てていきます。また、実験や観察から考察をする際も、さまざまな観点から考えていきます。

　その際に、むしろ、自分の力でじっくりと考える、あるいは、友だちと協働的に考えをめぐらしてみることを通して、物事を評価したり、熟考したりする時間を設けることが大切です。図書資料はあくまでも補完的なものとして位置づける必要があります。

## デジタル・ネイティブに必要な理科の学び

　「知識基盤社会」では、効率を求めるあまり、何ごとも知識先行型になりやすく、先に必要な知識を獲得しようとします。「知識」を「情報」と置き換えて考えるならば、それ自体が悪いことではありません。しかし、時と場合によります。

　デジタル・ネイティブの子どもたちは、わからないことがあると辛抱強く考えることよりも、すぐにインターネットで調べる、いわゆる「ググる」ことが当たり前になっています。この世のあらゆる知識はインターネットで得られるようになっていますので、そのことに慣れてしまっているのです。

　ネット社会では、簡単に専門的な知識が入手できるため、学問知や専門知に依存しやすくなります。誰もがいっぱしの専門家になれます。

　だからこそ、知識だけに頼りすぎないこと、実感を持って考えること、体験と知識を比較して考えることなどが求められます。これは理科の学習に限ったことではありません。

　リアル（現実）で生じる現象をよく見つめるという姿勢を大切にしたいものです。それがものの見方・考え方・感じ方を磨くということにつながるはずです。

## 実験・観察の考察でICTを活用する

　実験は１回きりのものですので、あとから実験を振り返る時には、ノ

ートの実験記録を確認します。先生自身が実験をスマートフォンやタブレットで映像を残しておき、実験の振り返りの際に子どもたちに見せるようにすれば、子どもたちの「考える時間」を確保することができます。

　実物を投影する際に書画カメラを活用します。また、必要に応じて、関連する図書資料を書画カメラで投影し、子どもたちが考察する際に活用します。

## オンラインと対面の学び

　先生や子どもたちの実験や観察の動画を自宅で視聴すれば、実験の振り返りを家庭学習にすることが可能になります。例えば、Youtubeチャンネルにアップロードし、視聴者を限定する設定にします。また、クラウドが整備されていれば、動画をアップロードしておくことにより、アクセスしての視聴が可能です。家庭で動画を見て、実験や観察を振り返り、各自が考えたことを教室に持ち寄ります。こうすることで子どもは十分な「考える時間」を確保することができます。協働的な話し合いは対面により教室で行います。

　zoom、teams、Webex Meetingsなどのウェブ会議システムが学校で整備されていれば、家庭でも子ども同士の話し合いが可能になります。ポスト・コロナでは、オンライン授業の実施を視野に入れつつ、対面でこそ可能な学びに対して、より明確な自覚を持って取り組むことが大切です。

オーストラリア・アデレード市立中等学校の数学と理科の授業　ICT活用が必須
（2016年）

# III

# 読書活動のアイデアで
# 学校やクラスを
# 活性化する

# 朝読書を
# リニューアルする

## 朝の読書の魅力

　朝の10分間読書は、1988年、千葉県の高校教師の林公氏と大塚笑子氏が提唱し、全国に普及したものです。もともとは生活指導の一環として始められました。

　朝の10分間読書の原則は、次の通りです。

> ○みんなでやる
> ○毎日やる
> ○好きな本でよい
> ○ただ読むだけ

　朝読書は子どもに感想を求めたり何かを書かせたりはせず、気楽に取り組める点にその良さがあります。毎日の積み重ねにより、読書が苦手な子どもにとっても、１冊の本を読み通せることで自信を持てるようになります。担任の先生も一緒に読んでいるということも、本に向かう子どもの気持ちを維持するための大切な要素になります。

　毎日のことですから、子どもの気持ちとして、どこか漫然とした感覚になり、読書が惰性的になってしまう面があります。子どもの本に対する集中力が切れ、朝の10分間がもたないという場合があります。ただ形式的に続けていても意味がありません。

　子どもが１日のスタートに立つとき、新鮮な気持ちで本と対峙してほしいものです。時には朝の読書をリニューアルする取り組みを取り入れることにより、子どもの気持ちを切替え、新たに朝の読書をスタートさせることができます。

## 本を選ぶ機会や本の選び方を学ぶ場を設ける

　本を選ぶ機会を設けることが大切です。家庭環境にもそれぞれの事情がありますので、子どもたちを学校図書館に連れていき、本を選ぶ時間を設けましょう。また、併せて本の選び方についても知識を持たせます。

・本のジャンルを知る（物語や小説、さまざまな読み物など）
・本の中身をつかむ方法を知る（書名、帯、目次、奥付）
・本の著者紹介から作者についての知識を得る

## 朝の読書で子どもが読んだ本を学校図書館に展示する

　朝の読書で子どもたちがどのような本を読んでいるのか、書名と著者名を把握して、司書教諭や学校司書と連携し、学校図書館に当該の本を展示します。人に自分の読んでいる本を知られたくないという子どももいますので、子どもの名前を明かす必要はありません。子どもが読んだ本を展示することにより、友だちが読んでいる本を自分も読んでみようという気持ちにつながる場合もあります。

　新年度のはじめに、学校図書館で学年や学級を超えて、朝読書にお勧めの本を紹介するフェアとして、前年度の実績をもとにして本を展示します。子どもが本を選ぶきっかけになります。2学期や3学期のはじめに開催したり、秋の読書週間に併せて開催したりするのもよいでしょう。

## 朝の読書で子どもが読んだ本を学級文庫にする

　学期の終わりに、子どもが読んだ書名と著者名を把握し、それらの本を次の学期に学級文庫に入れます。朝の読書に対する興味や関心を高め、子どもの読書への意欲を維持することができます。

　読書は一人ひとりの取り組みのため、孤立しやすい面があります。せっかく教室で同じ時間に本を読んでいるのですから、子ども同士が本でつながることが大切です。読んだ冊数を競うのは適していません。

# 読み聞かせで
# 心にゆとりをつくる

## 読書で心にゆとりをつくる

　子どもにはつい義務的なものとして読書を課してしまいがちです。学習の一環として読書を教育的に意義づけるあまり、その思いが子どもにも間接的に伝わり、読書嫌いを生んでしまうことがあります。学校の教育活動には「遊び」の部分も必要です。「遊び」はゆとりを生みます。社会生活で読書というものを考えると、学ぶために読む場合、知りたいために読む場合、教養を身につけたいために読む場合、そして、楽しむために読む場合など、読書には実にさまざまな目的があります。読書という楽しみは心にゆとりをつくり、人生を豊かにしますが、読書の楽しみは経験を通してでしか実感できません。まずは「お勉強」としての読書ではなく、純粋に本を楽しむ経験を優先させたいものです。

## 絵本の読み聞かせは再読に効果的

　絵本の場合、発達段階に応じて幼児から小学校高学年まで、それぞれ適したものがあり、出版社では「低学年向け」などと提示している場合があります。しかし、小学校のあらゆる学年において発達段階とは関係なく、読み聞かせに適しているような絵本もあります。

　私はかつて小学校のPTA会長を務めていたとき、PTAのイベントで、読み聞かせの部屋を担当したことがあります。高学年の男子に人気だったのは、かこさとし氏の『からすのパンやさん』（偕成社）やモーリス・センダックの『かいじゅうたちのいるところ』（冨山房）でした。例えば、『からすのパンやさん』では、子どもたちは物語の中身を十分に知っているにもかかわらず、面白いところで笑い、各々が読み聞かせを楽しんでいました。その時の楽しそうな光景は今でも忘れることができません。

６年生の子どもたちが夢中になって読み聞かせを聞いた２冊の絵本

　６年生の子どもたちに聞いたところ、低学年の時によく担任の先生に読み聞かせをしてもらった懐かしい絵本だということでした。優れた絵本は、再読に耐えうる要素を持っているのです。

## 大型絵本を用いると特別な読み聞かせになる

　大型絵本は遠くからでも絵が見やすく、人数が多い場合での読み聞かせに適しています。大型絵本を用いることにより、特別な読み聞かせであるという雰囲気が出せます。例えば、学年で読書を中心にした読書全校集会を開く時に、高学年の子どもが読み聞かせを行えば、全体の場での異学年交流になります。中学生が小学校に出向いて大型絵本を用いて読み聞かせを行えば、小学校と中学校の連携になります。本を介した交流イベントの際に大型絵本を活用することで、演出効果が生まれます。大型絵本は高価ですので、学校図書館で所蔵していない場合、公共図書館に相談して団体貸し出し制度などを利用しましょう。

## 読み聞かせをさまざまな本に拡げる

　読み聞かせというと、つい絵本を思い浮かべがちですが、読み聞かせには、伝記、科学的な読み物、ノンフィクションなどのさまざまなものがあります。絵本だけではなく、さまざまな読書材を用いて、子どもたちの興味や関心を広げたいものです。

# 図書館活用を促すイベント
## ～図書委員会を動かす～

## 図書館イベントで本への関心を持たせる

　図書館で開催するイベントは、あまり本に関心のない子どもにも学校図書館を訪れる機会となり、本に対する興味や関心を引き出します。読み聞かせ、図書館カフェ、講演会、ワークショップ、ビブリオバトルなど、子どもの実態に応じてさまざまなアイデアでイベントをつくりだすことができます。

## クイズを取り入れた図書館イベント

　ここでは、図書委員会を中心に準備した図書館イベントを紹介します。東京都練馬区立大泉学園中学校で実施されたイベントです。

　図書委員会を中心に準備に当たります。図書委員の生徒たちは、本の書名を当てるクイズを作ります。難易度を設定し、クイズを作ります。

　イベント当日、生徒は学校図書館を訪れ、クイズの難易度を選んで、図書委員からクイズの書かれた紙切れを受け取ります。参加する生徒はクイズを読んで、いったい何の本の説明なのか、書架に並んだ本を次々に手に取りながら、本を探し出します。そして、見つけ出した本を持って、図書委員の生徒に差し出します。正解の場合、賞品として特別な図書館貸し出しカードがもらえます。部活動に行く前のユニフォーム姿の生徒たちが次々にやってきて、楽しそうにクイズに挑戦していました。図書委員会担当の先生が図書委員会の生徒を指導し、準備と運営にあたりました。

　学校には区立図書館から司書が派遣され、実務に当たっていました。図書館イベントにも参加し、司書教諭と連携していました。

## 実施時期が大切

　中学校では期末考査を終える
と、テストの返却期間に生徒は
「何点取れただろうか」と緊張
した日々を送ります。しかし、
生徒にとっては目前に長期休み
を控えていますので、学校生活
を送る気持ちとしては、少しゆ
とりのようなものが生まれます。
7月であれば、夏休みを心待ち
にしています。7月や12月の期
末考査後は、長期休みを見通し

練馬区立大泉学園中学校の
学校図書館イベントの様子

て、読書行為を促すような楽しい図書館イベントを行うのには適した時
期です。

## 図書館カフェ

　前例にとらわれず、学校図書
館を子どもが交流する場所にす
る試みが始まっています。高校
の実践ですが、沖縄県立美里工
業高校の学校図書館では、図書
委員会が企画し、図書館哲学カ
フェを開催しました。生徒が自
由に参加できるイベントです。
哲学的な問いが記された複数の
カードから1枚を選び、お互い
にテーマをめぐって語り合うと
いうイベントです。

沖縄県立美里工業高校の
「図書館哲学カフェ」用のカード

# ブックトークは動画で

## ブックトークとは

　ブックトークとは、テーマを設定し、テーマに関連する複数の本を聞き手に紹介する読書活動のことをいいます。小学生から高校生まで、幅広い年齢層に本を語ることのできる行為ですので、本への興味や関心を高めることにつながります。

**【ブックトークの選書例】テーマ：生命**

・『アンジュール　ある犬の物語』ガブリエル・バンサン/著
　車から投げ捨てられた犬が、飼い主だった家族を探してさまよい続ける物語。
・『ヒロシマ　消えたかぞく』指田 和/著、鈴木六郎/写真
　原爆投下前の広島に暮らす家族の日常を写した写真から、平和の尊さを問う。
・『宮沢賢治童話集』から「虔十公園林」宮沢賢治/著
　みんなから馬鹿にされていた虔十が生前に植えた苗は、やがて大きく育ち、人々に「ほんとうの幸い」をもたらす公園の林となる。

　「虔十公園林」は虔十の生きた証、つまり生命が人々に幸いをもたらすという象徴的な作品で、賢治の仏教思想と深くつながっています。

## ブックトークは動画で

　先生の誰もが自分でブックトークを行えるわけではありません。本に詳しい司書教諭や学校司書とテーマについて協議し、選書を依頼し、ブックトークの動画を撮影します。あえてライブ感を出すために、動画の編集は必要ありません。また、音楽やナレーションを入りたりするなど

の凝った演出を取り入れようとすると、長く続かなくなります。

　ブックトークの動画を蓄積し、学校のサーバーやクラウドなどに保存しておくと、必要な時にいつでも取り出して視聴することができます。ブックトークを行える人が実施するのは、コロナ前の発想です。ブックトーク動画のライブラリーを制作しておくというのは、見方を変えれば、緊急時にも備えた知恵にもなるのです。

## ブックトークで大切なこと—気づきを促す語りを大切に—

　YouTubeにはブックトークの動画が数多くアップロードされています。テーマと選書を確認し、著作権の許諾を得たことが明示されているものを使うようにしましょう。

　YouTubeのブックトークの中には、せっかくテーマを設定しているにもかかわらず、複数の本の紹介にとどまっており、本と本をつないでいくための語りがあまり見られないものがあります。

　例えば、前述の選書例に即していえば、『アンジュール』を最初に紹介した後、「この犬は元の飼い主に再会できるだろうか。どんなに小さな動物にも私たち人間と同じように生命が宿っています。生命はモノではありません。」という語りを入れるだけで、次の『ヒロシマ　消えた家族』につながっていきます。捨てられた犬の姿を描く絵本と、広島の原爆投下前の家族の日常写真を載せた本が一本の線でつながっていきます。

　ブックトークは、単に本と本をつなぐものではなく、テーマ性を持って本を相互に関連づけていくものです。そのことを心がけていないと、点と点はそのままで、一本の線にはなっていきません。ブックトークでは、テーマをあからさまに示すのではなく、子どもにどういうテーマで語られているのか、気づきを促すような語りをすることに教育的意義があります。なぜ内容が異なる本と本がつながっていくのか、テーマへの気づきが生まれていくところにこそ、ブックトークの面白さと醍醐味があります。

# 子ども同士の新たなつながりをつくる読書交流会

## ビブリオバトルの面白さ

　ビブリオバトルは、本の魅力を語ることを通して情報発信し、参加者同士で読みたい本を多数決で決めるという点にゲーム性があります。読書という個人的な営みを複数で共有する点に特徴があります。自宅や移動の電車内などで行う読書を広場に取り出して、みんなで楽しもうというもので、わずかの時間であっても読書を介したコミュニティが形成されます。読書のイメージを変えたといっても過言ではありません。幅広い年齢層にできる読書活動のため、広く受け入れられました。流行的な現象もあり、全国の小・中学校にも広がりました。「バトル」とはいっても緩いものなのですが、教育関係者には少なからずこの「バトル」という言葉そのものに対する抵抗感がみられます。商標登録もされ、推進団体は「ビブリオバトル」として実施する場合にはルール通りに行うことを求めています。

## プレゼンテーションのうまさではないとはいっても

　自分なりに判断して読みたい本を投票するので、プレゼンテーションの良し悪しで決めるわけではありません。そうはいっても、やはり、実感としてはどうしても説明のうまさが個々の投票行動に影響するのではないでしょうか。小学校でビブリオバトルを取り入れる場合には、言語活動の一環として、例えば、国語科と関連させて、「話すこと」の指導を行いながら実施すると教育的な意義も明確になります。また、聞き手の子どもに対しても、話の中心に注意して聞くなどの「聞き方」の指導はどうしても必要です。説明の良し悪しではなく、話を聞いて読みたくなった本を選ぶという趣旨を周知することも大切です。もともとが大学生

を対象として始まったビブリオバトルですので、小・中学校で導入するには、発達段階に配慮した指導が必要です。

## 読書交流会でクラスの中に新たな「つながり」をつくる

　1冊の本を紹介する「読書交流会」を実施してはどうでしょうか。読みたくなった本の投票は行いません。本の説明を聞いて、自分の読書の参考にすることを目的にします。そして、子ども同士が読書を通してつながりあうことを大切にします。そのためには、クラスや学年全員の前で本の紹介を大々的に行う必要はありません。ペアで本を紹介しあったり、4人で本の紹介をしあったり、あるいは同じ本を読んだ子ども同士で感想を述べあったりするなど、少人数での交流を重視します。また、交流したままにせず、交流後に「本の紹介カード」にまとめるという言語活動を行います。他者に説明することにより、子ども自身でもそれまで気づかなかったことに新たに気づく場合があります。質問に答えたことで、漠然としていたことが明確になる場合もあります。言語化することによって、子どもには読み終えた本を評価することを促します。読書を通して、子ども同士にこのような「つながり」をつくることは、クラス集団には大切です。学習でも遊びで部活動でもなく、読書を軸とした関係性をもとにした集団づくりです。この言語活動は、ふだんは目立たないような子どもの良さが出てきたり、新たな面が見られたりするなど、子ども同士の新たな発見にもつながります。

| 本　の　紹　介　カ　ー　ド | |
|---|---|
| 組　番　なまえ | |
| 本 | |
| 作　者 | |
| 本のしょうかい | |
| 友だちにすすめたい理由 | |

**本の紹介カード例**

# 子どもがつくる学級文庫

## 学校図書館は気持ちとして「遠い場所」という場合もある

　学校図書館が教室に近い場所にあっても、気持ちとして遠い場合には、子どもたちはなかなか行きません。教室から遠い場所にある場合はなおさらです。本が好きではない子どもにとっては、たくさんの本が並んでいる学校図書館は、本に圧倒されてしまうような場所かもしれません。子どもはみんながみんな「本が好き」というわけではないということを頭の片隅に入れておきたいものです。

　本以外にもたくさんの楽しいものがあります。特にデジタル・ネイティブにとっては、まずはテレビゲームやYouTubeなどの動画が最初の選択肢として挙げられます。そのようなすぐに楽しめるメディアの中に、どのように本を入れていくか、正攻法だけでは、子どもは本には見向きもしないでしょう。学校図書館の利用を推進することと並行して、学級文庫を導入します。

## 学校図書館の本を用いた期間限定の学級文庫づくり

　子どもの身近な場所に本があるかどうかは大切な要素です。家庭でも同じことですが、1日の多くの時間を過ごす教室の読書環境づくりは大切です。

　本に親しむ環境を教室という身近な場所につくるためには、司書教諭や学校司書に選書をしてもらって学級文庫をつくります。

　ただし、複数のクラスがある場合は、同じ本がクラス分用意されていないと学年全体での同時進行による取り組みはできませんので、期間を定めて実施する必要があります。学年や教科で相談して、時期をずらして実施するとよいでしょう。読書週間を挟んだ1ヶ月間や、学期を限る

など、司書教諭や学校司書と連携し、組織として全教員が了解のもとで行うことが必要です。

　また、人気の高い作品は学級文庫用にはせず、館内閲覧と家庭への貸し出し限定として扱います。人気のある本は複数購入しておくのが理想ですが、予算的に難しいことが多いと思います。PTAの協力が得られる場合、図書購入の支援を受けるという方法もあります。

## テーマ性を持って学級文庫をつくる

　学校図書館の本を用いた期間限定の学級文庫をつくるにしても、選書が大切です。子どもの好みに応じて漫然と選書しても、子どもはなかなか興味・関心を広げていくことができません。

　クラスの子どもたちの読書傾向が物語や小説に偏りがちな場合、ノンフィクションや伝記、科学読み物といった読み物も入れるようにします。授業で学んだ単元の内容を広げたり深めたりするために、単元の内容に関連する図書に絞り、テーマ性を考えて選書します。

## 子どもがつくる学級文庫

　子どもに選書をしてもらう学級文庫づくりでは、子どもにはある程度の条件を示すことが必要です。読みたい本が自分でもわからず、本を選べない子どももいるからです。

　例えば、クラスの友だちに読んでほしい本という条件や、高学年や中学生であれば、自分の好きな教科について詳しく学べる本、「しくみやなぞ」について書かれている本、などといった条件を示して選書してもらいます。「しくみやなぞ」では、科学、社会、芸術などと、分野・領域は多岐にわたりますので、子どもの興味や関心、個性が選ぶ本にはっきりと出ます。子ども理解にもつながる取り組みといえるでしょう。

# 本の展示とブック・マップで本の豊かな世界を見せる

## 本のコーナー展示

　さまざまなテーマを企画して本を展示することは、規則正しく並んだ書架から分野を超えて本を取り出して並べるため、別置といわれています。公共図書館では、別置記号をつけてコーナーに展示する場合が多く見られます。例えば、文庫や新書、紙芝居、郷土・行政資料などは、アルファベットの大文字の記号を付けて別置扱いにしてあります。

　学校図書館の別置は、季節ごと、学校行事ごと、あるいは授業の内容に関連させて展示します。どのようなテーマでコーナーをつくるかは、司書教諭や学校司書の腕の見せどころでもあります。どういうコーナーをつくってほしいか、今どのようなことを授業で扱っているかなど、積極的に学校図書館に情報提供しましょう。一方の学校図書館側も積極的に情報を収集し、さまざまな展示に挑戦しましょう。

## 授業実践を生かした展示

　単元の内容に応じて関連図書を並行して読む、いわゆる並行読書では、その実践を財産とするためにも、校内で共有することが大切です。学校図書館に並行読書で実践した本をテーマの掲示とともに並べます。ほかの先生たちも実践してみようと思ったり、子どもたちも読んでみたくなったりするでしょう。

## 本と本をつなぐ展示

　わかりやすい物語や小説から関連性のある本につなげてゆくような読み方があります。一見すると１冊の本と別の１冊の本が全く別の内容であるように見えても、内容的にどこかでつながっていることをブック・

マップによって「見える化」することができます。

　筆者が勤務する大正大学では、2020年秋の新しい図書館のオープンに向けて色々な工夫を取り入れました。大学生はもとより、公開する一般利用者にも本に親しんでもらいたいと考えて、筆者はブックマップを作りました。

　図は「土地」をテーマとしたブック・マップで、旅行記や文化人類学、構造主義などの本を含んでいます。例えば、最初に香港の歴史や民主化などのテーマの本を読むのは、ややハードルが高い面があります。そこで、沢木耕太郎氏の代表作である『深夜特急』第1巻（1986年/新潮社刊）を「最初に読んで欲しい本」として取り上げることにしました。『深夜特急』第1巻は香港を舞台にしています。沢木氏の青春時代、香港からユーラシア大陸の西の端まで陸路で行った旅を綴った旅行記です。若者に個人の海外旅行ブーム、いわゆるバックパックを背負って出かける海外旅行をもたらしました。筆者も夢中になって読み、次の巻の発刊を心待ちにしていたことを憶えています。2020年、『深夜特急』は500万部を突破し、版元の新潮社ではキャンペーンを行いまし、文庫本では活字を大きくした改版が刊行されました。

　ブック・マップでは、「香港」を題材とした文化人類学の秀逸のルポルタージュである『チョンキンマンションのボスは知っている　アングラ経済の人類学』（小川さやか著/2019年/春秋社刊）を示します。この本は第51回大宅壮一賞と第8回河合隼雄学芸賞をダブル受賞しました。小川氏は文化人類学の研究者で、現地に長期滞在して調査を行います。

　そして、内田樹氏の『寝ながら学べる構造主義』（2002年/文春新書）にも続いていきます。さらに構造主義との関連で、クロード・レヴィ=ストロースの『野生の思考』（1976年/みすず書房刊）という名著へと続きます。

　平易な書き振りの本から、徐々に学術的な内容の本へとつなげていくようにつくりました。特に大学生には本の豊かな世界を知ってほしい、

重厚な本にもチャレンジしてほしいという思いでつくりました。

　ブック・マップは、小・中学校でも実践ができます。校種や発達段階に応じて、ブック・マップをつくることにより、本の世界の豊かな広がりを子どもたちに見せることができます。

　学校図書館にブック・マップコーナーを設けてマップを掲示し、本も一緒に並べます。ブック・マップは、コピーして、廊下や教室に展示してもよいでしょう。

**【「香港」をテーマに筆者がつくったブック・マップ　大正大学附属図書館】**

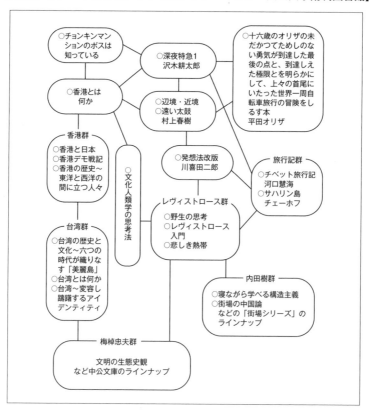

# IV

本を使いこなして
子どもの学びを
高める

# 百科事典、事典、辞典を使い分ける

## すぐにインターネットで調べない

　現在の小・中学生は、生まれた時からインターネットやスマートフォンが身近にある生活環境の中で育ってきました。将来なりたい職業にユーチューバーが入るほどです。

　デジタル・ネイティブの子どもたちには、テレビや新聞、ラジオといったマスメディアは遠い存在になっており、SNSや動画サイトの方が身近な存在になっています。「ネットにない情報はない」と考えているように見えるほどです。

　メディアと接するときには「メディアが現実をつくる」という感覚をもつことが大切ですが、デジタル・ネイティブの子どもたちにとっては、「メディアは現実そのもの」というのが実感ではないでしょうか。

　探究学習の際には、すぐにインターネットで調べない、つまり「すぐにググらない」ように指導することが大切です。これはインターネットで調べてはいけないということではありません。

　何かを調べようとするときに、インターネットのほかに、百科事典、事典、辞典、年鑑などのさまざまな本が思い浮かぶように指導し、子どもが目的に応じてメディアを選択して利用する習慣を身につけることが大切です。

## 百科事典は古くて新しい知の宝庫

　昭和の高度経済成長時代に百科事典は飛ぶように売れました。応接間に百科辞典を買い揃え、家具のように置いておくのが裕福さの象徴になっていました。教養の象徴であり、中間層に必要なアイテムになっていたのです。しかし、今や百科事典を知る子どもは、保護者も含めてほと

んどいません。わからないことがあれば、インターネットを調べればすぐに答えが出てくるからです。この場合、情報の確かさはあまり問題ではありません。編集者による緻密な編集・校訂作業を経た百科事典は信頼できるものです。何度もの点検を経て出版されています。

『総合百科事典ポプラディア』（ポプラ社刊）は、小・中学生の探究学習に適した百科事典として2002年に刊行されました。総合的な学習の時間での調べ学習などで大いに利用されました。インターネット版のポプラディアネットが有料で利用できます。2021年には第3版が刊行される見込みです。

## 調べるための事典と読み物としての事典

歴史事典、人物事典、文学事典、スポーツ事典などの専門的な事典は多く出版されており、探究学習の際に活用できます。

このほか、歴史では例えば幕末事典、人物辞典や文学辞典では、人物ごとの事典やSF辞典、ファンタジー事典といったジャンルごとの事典、スポーツでは、サッカーや野球、バスケットボールなど種目ごとの百科事典や用語事典が出ています。これらの事典は読み物として読んで楽しいものですので、調べるだけではなく、読み物として紹介し、子どもたちの読書材として認知されるように促します。

## 辞典は学習の基本

国語辞典は最も一般的な辞典ですが、言葉の意味はすぐにインターネットで調べられるため、年々売れなくなっています。また、電子辞書のほうが親しみやすくなっています。だからこそ、紙の国語辞典はあえて授業の中で利用する場面を設けるようにします。

辞典には、漢和辞典、逆引き国語辞典、類語辞典、ことわざ辞典、故事成語辞典など、さまざまなものがあります。授業内容に応じて使い方を学習する場を設けます。

そして、学校図書館を積極的に活用しながら、さまざまな辞典を目的に応じて使い分けるように指導します。国語辞典をはじめとした使用頻度の高い辞典はクラスの人数分を備えておくと1人に1冊が行き渡り、学習がしやすくなります。

## 独自の切り口の辞典

　言葉の意味を調べる辞典だけではなく、成り立ちや活用の仕方を解説した独自の切り口の事典があります。

　漢字学者の白川静氏は、漢字のもとの形から漢字の成り立ちを立証し、字形と意味の関係を解説する辞典をつくったことで知られています。『字統』（字源辞典）、『字訓』（古語辞典）、『字通』（漢和辞典）があります（いずれも平凡社刊）。白川漢字学といわれるほどの独自性のある学問体系をつくりあげた碩学です。独自性

白川静『新訂 字統』（平凡社刊）

がありますので、白川漢字学に対する批判もあります。

　日本語学者の中村明氏の編集では、個性的な辞書が複数あります。『日本語笑いの技法辞典』、『日本の作家名表現辞典』（ともに岩波書店刊）があります。また、感覚を表した言葉だけに焦点を当てた『日本語語感辞典』（岩波書店刊）や『感覚表現辞典』（東京堂出版刊）も読んで面白い辞典です。感覚の微妙なニュアンスの違いを知るのに適した辞書といえます。後者は、独自の視点で感覚的な言葉を分類しています。

## ニッチな事典で市井の学問にも触れる

　『在野研究ビギナーズ──勝手にはじめる研究生活』（荒木優太/明石

書店刊）は、大学や研究所などの研究機関に属さない研究者、いわゆる市井の研究者（民間研究者）の研究生活についてまとめたものです。

　この本の「第七章　好きなものに取り憑かれて」で取り上げられている朝里樹氏は、日本や世界の怪異譚や妖怪、都市伝説などの「科学」では解明しきれないものを研究し、多くのエピソードを収集・分類・分析しています。

　子どもはお化けや妖怪が好きですが、好きが高じて朝里氏のように学問として研究している人もいるわけです。

　朝里氏は、長年の研究の成果を次々に事典として出版しました。『日本現代怪異事典』（笠間書院刊）、『日本現代怪異事典 副読本』（同社刊）、『世界現代怪異事典』（同社刊）、『歴史人物怪異談事典』（幻冬舎刊）などがあります。

　これらの本の内容には、民俗学や文学、文化人類学につながるものを含んでいます。ある意味できわめてニッチな領域の研究です。

　これまでの学校図書館は、教育的であろうとするあまり、子どもの興味や関心を限定的に囲っている面があったように思います。

朝里樹『世界現代怪異事典』（笠間書院刊）

　発達段階や人権、倫理に配慮しつつ、子どもが興味や関心を持つ内容については、積極的に学校図書館に取り入れていきたいものです。社会のあるゆるものが学問につながっていたり、近接していたりします。ニッチな事典は、そのきっかけをつくることにつながる場合もあります。

# 子どもの興味や関心を科学的な読み物や図鑑につなげる

## 「なぜだろう？」「どうしてだろう？」

　子どもの理科離れがいわれるようになってずいぶん経ちます。高校に入学すると、物理、化学、生物、地学などの科目に細分化され、専門的に学びますが、それはあくまでも学問上の制約や便宜的なものであって、小・中学生には、細分化される以前の、"science"を学ぶ機会を与えることが大切です。子どもの興味・関心の入口に学問領域はあまり関係がありません。広く浅く学ぶ入口の時期での経験は、その後の専門的に学びたいという気持ちにつながっていきます。子どもには、「なぜだろう？」「どうしてだろう？」という素朴な疑問や好奇心が出発点になりますので、それらを解決するための読書材として、科学読み物を紹介することが大切です。

　動物学者の日高敏隆氏による『チョウはなぜ飛ぶか』（岩波少年文庫/2020年刊）は、タイトルそのものが疑問から成り立っています。このタイトルを見た子どもは、たとえ蝶に興味がなかったとしても、タイトル

**【子どもの興味・関心を掘り起こす本のポップ例】**

『チョウはなぜ飛ぶか』　日高敏隆　岩波少年文庫
　日高さんは小学生の時、アゲハがいつも同じ道を飛ぶことに気づき、「なぜだろう？」と疑問を持ちました。日高さんはやがて研究者となり、チョウの行動のふしぎを解き明かすことになります。生き物の不思議が解き明かされる本です。
☞もっと知りたい人には、次の本をお勧め
『世界を、こんなふうに見てごらん』（集英社文庫）

から疑問が掘り起こされていきます。

　まさにタイトルは読者に届くように啓発的に名づけられているのです。原典は岩波書店より1998年に刊行された『高校生に贈る生物学（3）』です。『科学と科学者のはなし―寺田寅彦エッセイ集』（岩波少年文庫）もまた、古い作品ですが、けっして古びない内容です。子どもに"science"の本質がわかるように、わかりやすい言葉で綴っています。寺田虎彦の本は、近年、次々文庫で出版され、再評価されています。

## 図鑑を生かす

　近年の学習図鑑は読んで面白いように工夫が凝らされています。また、図鑑によってはDVDが付属していますので、管理上の工夫が必要です。

　教科や総合的な学習の時間での探究学習で、図鑑を使って調べる学習を設定します。図鑑の世界を理解するための方法として、クラスで付属のDVD視聴を取り入れてもよいでしょう。

　図鑑は、詳細な写真や絵と説明による複合的なテクストで構成されています。このようなタイプのテクストに接するのは、広い意味での読解力を養うことにつながります。つまり「実社会・実生活で生きて働く能力」を養うという意味があります。

　学習図鑑は、『小学館の図鑑NEO』、『ニューワイド学研の図鑑』や『学研の図鑑ライブ』、『講談社の動く図鑑MOVE』、『ポプラディア大図鑑WONDA』などがあります。また、学習図鑑は子ども向けのため情報が限られますので、分野・領域の専門図鑑があれば、詳しく調べることができます。

## 専門図鑑に接する

　学習図鑑だけではなく、興味や関心を持った子どもには、専門図鑑を紹介することも大切です。例えば、牧野富太郎博士による『原色牧野日本植物図鑑〈1〉（コンパクト版）』（北隆館刊）は、写真ではなく細密なカラー図版によるもので、我が国の代表的な植物図鑑といえるものです。『牧野日本植物図鑑―学生版』（北隆館刊）も出ています。牧野博士は市

井の研究者で、その生涯はまさに植物学とともにありました。

## ユニークな図鑑

　『ざんねんないきもの事典』（高橋書店刊）は生き物の意外な性質を知ることのできるユニークな本として注目されました。新しい切り口の図鑑は、探究学習に適しているとはいえませんが、読書材として選択肢の一つになるものです。例えば、『New Scientist起源図鑑　ビッグバンからへそのゴマまで、ほとんどあらゆることの歴史』（グレアム・ロートン、ジェニファー・ダニエル他/ディスカヴァー・トゥエンティワン刊）や、『寿命図鑑　生き物から宇宙まで万物の寿命をあつめた図鑑』（やまぐちかおり著/いろは出版刊）は、新しい切り口でつくられたユニークな図鑑です。「起源」や「寿命」だけに焦点を当てて編集された斬新な図鑑です。

　このほか、化学記号や薬などをキャラクター化した図鑑も人気です。キャラクター化されたイラストによって物質の性質がよく分かります。

## マニアックな図鑑は学問への入口

　子どもの興味や関心は、オーソドックスで無難な本だけではなく、個性的な本から引き出されてくる場合もあります。マニアックな本は、読者対象を大人と子どもで区別する必要はありません。さまざまな工夫に満ちた図鑑が多く発刊されています。

　例えば、『日本の路線図』（三才ブックス刊）は、全国の鉄道路線図を集めた本です。鉄道に関心のある人でもない限り、手に取るとは思えません。しかし、ページを手繰っていくと、見覚えのある路線図があります。鉄道会社ごとに文字や路線図のデザインに趣向が凝らされていることがわかります。この本は鉄道の本であると同時に、フォントや色彩、デザインの本でもあることがわかります。鉄道路線図というマニア向けのグラフィック・デザインをきっかけとして、専門的な学問の入口に立つことにもなります。

# 報告文、記録文、紀行文の本で社会を深く学ぶ

## ノンフィクションを勧める「声かけ」の言葉

　事実の取材や調査に基づいた作品をノンフィクションといいますが、これは一般的なくくり方で、国語の教科書では、報告文や記録文に分類されます。他には、意見文、手紙文、紀行文、随筆、物語文などの文章があります。高校は一般書の比重が大きいので、小説以外の文章をノンフィクションとするような大きなくくり方で本を紹介しても問題はありませんが、小・中学校では、国語の学習に倣って、文章を分類して考える方が子どもには分かりやすくなります。「今回は報告文の本を読んだので、次は紀行文にチャレンジしてみてはどうかな?」というような子どもの気持ちに働きかけた「声かけ」を工夫するとよいでしょう。

## 報告文、記録文、紀行文を読む機会をつくる

　子どもたちは物語が好きですので、ノンフィクションについてはあえて授業で読む機会をつくらないと、優れた作品を読まずに終わってしまいます。青少年読書感想文全国コンクールでは、毎年、小学校低学年では発達段階の関係から物語が選ばれることが多いようです。しかし、他の学年の部では優れたノンフィクションが課題図書のラインナップとして選定されています。2020年の課題図書には、小学校中学年の部では『ポリぶくろ、1まい、すてた』(ミランダ・ポール文、エリザベス・ズーノン絵、藤田千枝 訳/さ・え・ら書房刊)や、小学校高学年の部では『風を切って走りたい!夢をかなえるバリアフリー自転車』(高橋うらら著/金の星社刊)という本が入りました。また、小学校高学年の部では『ヒロシマ　消えたかぞく』(指田和著、鈴木六郎写真/ポプラ社刊、第3章参照)、中学校の部では『平和のバトン　広島の高校生たちが描いた8

月６日の記憶』（弓狩匡純著/くもん出版刊）などの戦争と平和を扱った作品が多く選ばれました。このように青少年読書感想文全国コンクールの課題図書は、優れたノンフィクションに出会うための良い機会になります。社会への視野を広げるためにも、さまざまな社会的テーマを扱ったノンフィクションを選んで、子どもに紹介するようにしましょう。

## 「広い」と「深い」で本を紹介する

　小・中学校の国語教科書に採録された報告分や記録文は、ほとんどが書き下ろしのため、同じ筆者の作品を読もうとしても一般書が多く、子どもにとっては難しい場合があります。

　むしろ、教科書教材や単元のトピックに関連するテーマを選んで、企画展示をする方がよいでしょう。

### 【「広い」と「深い」で考える企画展示】

○広い　あるテーマについて「広く」取り上げた本
　●環境　●戦争と平和（国際紛争を含む）●生命●人権●感染症　など

○深い　メディアでよく取り上げられるトピックについて「深く」掘り下げた本
　●地球温暖化 ● プラスチックゴミ ● AI ● フードロス ● 子育て支援
　●SDGs ●LGBT（Q）● オリンピックとパラリンピック　など

　テーマの扱い方が、「広い」場合は、テーマに関する基礎知識が得られますので、物ごとのあらましがつかめます。

　一方で、テーマの扱い方が「深い」場合は、詳しい知識が得られます。時事的な要素のものが多くなります。テーマの扱い方が「深い」本は、新聞と併せて読むと知識がさらに深まります。

　テーマに関係する新聞記事の切り抜きとともに本を展示すれば、本の企画自体が子どもの興味や関心と社会事象を関連して学ぶ場になります。

## 子どもを新書の読者へと育てる

　手頃に専門的な知識を得られるものとして、新書はある意味で便利な本です。新書は大学生にとっては専門分野の基礎的な知識が得られるため、必要とされる本なのですが、今の大学生には、ほとんど読まれなくなりました。新書の読者層の年齢は高くなっています。

　「岩波ジュニア新書」と「ちくまプリマー新書」は、中学生・高校生といったヤングアダルト向けの新書です。大人が読むのにも十分に耐える内容で、ていねいにつくられています。内容によっては小学校高学年でも読むことができます。将来的には子どもを新書の読者へとつなぐことのできる本でもあります。

　『筑紫哲也NEWS23』（制作はTBS）は、ジャーナリストの筑紫哲也氏が初代キャスターを務めたニュース番組です。筑紫氏が惜しくも2008年に亡くなられた後、広島出身の女優・綾瀬はるかさんは、2010年から『NEWS23』の特別企画のインタビュアーとして、これまでに60人以上の戦争体験者の声に耳を傾けてきました。綾瀬さんの言葉はけっして多くはないのですが、高齢になった戦争体験者の声を静かに受けとめ続けます。綾瀬さんの取材の態度からは、共感を持って人の話を聞くということの大切さが分かります。2020年現在も綾瀬さんの旅は続いています。

　この旅は2013年に岩波ジュニア新書の『綾瀬はるか「戦争」を聞く』（TBSテレビ『NEWS23』取材班編）という本にまとめられました。優れた１冊です。この本を読むと、戦争体験者の声が耳元まで聞こえてくるようです。多くの子どもに読んでほしい１冊です。2016年には続編の『綾瀬はるか「戦争」を聞くⅡ』が刊行されました。

　戦後75年目を迎えた2020年の８月には、それまでの旅を振り返り、広島と長崎の戦争体験者の過去のインタビューとともに、現在の様子が放映されました。番組の姿勢は尊敬に値します。深く考えさせられる番組でした。

# 「問い」を立てて絵本を読む
## ～探究型読書を促す～

## 「問い」を立てて絵本を読む

　絵だけ、あるいは絵と言葉からなる絵本というメディアは、複合的なテクストともいえるものです。想像を働かせ、一人ひとりの子どもが多様な読み方ができます。絵本を用い、「問い」をもって子ども一人ひとりが絵本を読めるようにする方法を提案します。

　谷川俊太郎さんとNoritakeさんがつくった絵本『へいわとせんそう』（ブロンズ新社刊）は、とてもシンプルな絵本です。見開きのページの左側にはさまざまな「へいわ」が、右側のページにはさまざまな「せんそう」が描かれます。

　「せんそう」とはいっても戦争の具体的な状況が描かれているわけではありません。例えば、左側のページには「へいわのボク」とあり、腰に手を当てた元気な少年が立っている絵があります。右側の「せんそうのボク」は、膝を抱えて座っている沈んだ表情の少年が描かれています。その違いから、次のような問いが立てられます。

> 「へいわのボク」と「せんそうのボク」の違いを見つけてみよう。

　さらに、この「問い」からは、「小さな問い」も生まれてきます。子どもたちには、見つけたディテールの違いから、その理由を問います。

> ・どうして「へいわのボク」は腰に手を当てているのだろうか？
> ・どうして「せんそうのボク」は膝を抱えて座っているのだろうか？

　それぞれのページを分担して考えてもよいでしょう。
　そして、次の段階として、絵本の「テクスト全体を貫く問い」を投げかけます。

　これは、それぞれのページの「へいわ」と「せんそう」の違いから、「どういう共通点があるかを見つけ出すための問い」です。つまり、具体的に描かれた「へいわ」と「せんそう」の違いを自分の言葉でまとめて捉え直します。具体的な「ボク」の姿だけを整理するだけでも十分なのですが、発達段階によっては、子どもたちにより高次の思考を促し、「物事を抽象化して整理するための問い」も必要になります。思考したことをアウトプットし、自らの言葉で表現する学習を取り入れるようにします。

## 子どもに「問い」を促すタイプの絵本を発掘する

　子どもたちに疑問を持って読むことを促すようなタイプの絵本はまだほかにもあります。『ぼくがラーメンたべてるとき』（長谷川義史）、『おじさんのかさ』（佐野洋子）や、名作として名高い『ちいさいおうち』（バージニア・リー・バートン著・イラスト、石井桃子訳）などが挙げられます。「問いを中心に読む」という視点で捉え直すと、読書材としての新たな価値が見つけ出せます。例えば、『ちいさいおうち』は都市開発、豊かさの本質などの視点から子どもへの「問い」が立てられます。

## 探究型読書を通して、問いを立てられるようにするのが理想

　イメージを共有しやすい絵本を読書材として、「問い」を解決していく読み方は、読書のトレーニングにもなります。日頃から「なぜだろう?」「どうしてだろう?」と考えながら読むことは、物語や小説、科学的な読み物など、さまざまな読書材にも応用できる読み方です。「問いをもって本を読む」読み方は、「探究型読書」ともいえるものです。自ら問いを立てられるようになるには、共通の読書材を用いて、読み聞かせの中での問いかけを工夫したり、国語の教材を学ぶときに、読んで疑問に思ったことを出してもらったりするなど、小さな積み重ねが大切です。

# 学校図書館を起点にして
# 新聞を活用した学びを進める

## 新聞を活用する意義

　ネット社会に生きるデジタル・ネイティブである子どもにとっては、新聞は遠いメディアです。子どもたちだけではなく、最近の保護者にとっても身近なメディアはYouTubeやSNSです。学校教育で触れる機会がないと、子どもたちが新聞を読むことがなくなってしまいます。

　学校図書館には、読書センター、学習センター、情報センターという機能が求められています。情報センターというと、すぐにコンピュータを思い浮かべがちです。テレビやインターネットと異なり、新聞には速報性はありませんが、新聞にしかない良さもあります。もちろんどのメディアにも課題があるように、新聞にも特に政治的な記事には偏りがあることは確かです。あとになって誤報が訂正される場合もあります。

　新聞は事実を報道する記事だけではなく、分析的な記事を複数載せています。新聞は社会に関心を持たせたり、情報を鵜呑みにせずに批判的に情報を読み解く能力（メディア・リテラシー）を身につけさせたりするのに適した教材・学習材の一つになります。

## 学校図書館に新聞コーナーをつくる

　学校図書館内に新聞コーナーをつくり、子どもが新聞に親しむ環境をつくりましょう。当日の新聞を置き、自由に広げて読めるようにします。また、次のような掲示物をつくります。

### ○新聞記事の切り抜きと関連図書を掲示する

　子どもが興味を持ちそうな内容の新聞記事を切り抜き、図書館内に掲示します。また、新聞記事と関連した内容の本を併せて並べる別置コーナーをつくります。

## ○ウェブサイトのニュース記事と新聞記事を比較する

　新聞というメディアの特性がひと目でわかるような掲示をつくります。

・同じトピックで、新聞記事の見出しと新聞社以外のインターネットの
　ニュース記事の見出しを複数用意し、両者が比較できるような掲示物
　をつくり、学校図書館に掲示する。

・新聞記事の切り抜きと新聞社以外のインターネットのニュース記事を
　プリントアウトし、両者の違いが比較できるような掲示物をつくり、
　学校図書館に掲示する。

## 新聞を整理し、ストックする

　毎日届けられる新聞は、新聞ごとに入れられる箱を用意し、その週の
新聞を入れていくようにします。「先週分」の箱を用意すれば、2週分が
すぐに利用可能となります。また、バックナンバーとして、ひと月分を
日付順に積み重ねてストックしておき、求めに応じて授業などですぐに
活用できるようにします。

## 新聞に親しむ学習を積み重ねる

　日頃から新聞を教材・学習材として用いた小さな学習を積み重ねるこ
とが大切です。

---

・クラス全員に新聞を一部ずつ渡して、子ども自身が気づいたこと
　を発表し、新聞のさまざまな特徴について学ぶ。

・新聞の見出し、リード、本文などの新聞独自の表現方法について
　学ぶ。

・同じトピックの異なる新聞社の記事を比較し、共通点や違いを見
　つける。

・投書を参考にして、意見文を書く。

・コラムを書き写す。

---

# 雑誌とコミックを生かす工夫

## 雑誌というメディア

　雑誌の発行部数が減っています。休刊する雑誌も増えています。子ども向けのコミック誌もかつてに比べると発行部数が落ちてきています。

　インターネットが普及した今日では、雑誌でなければできない特色のある企画が載らないと読者を獲得できなくなっています。大人向けの雑誌では、鞄や財布、化粧品などのさまざまな付録で多くの購読者を獲得している雑誌がありますが、雑誌というよりも、付録の方が主体になっています。

　メディアの一つして、情報を得たり、趣味に活用したりするなど、目的に応じて雑誌を読むというのも読書生活の一つとして大切です。

## 小・中学校の学校図書館で雑誌を生かす

　小・中学生向けの雑誌というのはかなり限定されます。ローティーン向けのファッション雑誌がたくさん出ていますが、子どもによって趣向が違いますので、どれを選ぶかとなると難しくなります。学校図書館には置かないという考え方は妥当といえるでしょう。

　数少ない雑誌を生かすためには工夫が必要です。例えば、報道関係の雑誌としては、『月刊Newsがわかる』（毎日新聞出版刊）、『ジュニアエラ』（朝日新聞出版刊）があります。新聞記事の切り抜きと併せて、あるいは関連する図書と並べて展示します。

　子どもの理科離れが指摘されて久しいのですが、科学誌の『子供の科学』（誠文堂新光社刊）は2024年に創刊100周年を迎える伝統のある雑誌です。ていねいに編集された雑誌です。特集する内容に併せて、関連する図鑑などを一緒に並べたり、あるいは、関連する理科単元の図書を併せて並べたりする展示コーナーを設けます。

スポーツ誌では、一般向けに競技別の多くのスポーツ誌が出ていますので、部活動のある競技の雑誌を選択的に入れるという考え方があります。中学校であれば、スポーツ誌は部活動の活動紹介のポップと併せて展示することにより、特別活動と連携した取り組みができます。

## コミックをどうするか

コミックを学校図書館に置くどうかは、学校として学校図書館をどのように位置付けるかに依ります。また、保護者の理解や地域の経済的な実情も十分に考慮することが大切です。経済格差が進み、家庭でコミックを読めない子どももいます。

日本史、世界史、古典文学といった学習漫画を置くことについてはあまり異論は出ないでしょう。しかし、コミックを置くことについては、司書教諭や学校司書の間でも賛成と反対で意見がはっきりと分かれます。

ある小学校では全校的に読書活動にも力を入れていましたが、学校図書館では、高学年男子がなかなか来ない、本をあまり読まないということが課題でした。そして、子どもたちに気軽に図書館に来てほしいと考え、コミックを置くとともに、図書館の一隅にカーペットを敷きました。これは校長が自ら学校図書館の課題に気づき、先生方とも相談し、判断したものでした。その結果、徐々に高学年男子はもとより、他学年のこれまであまり学校図書館に来なかった子どもたちも訪れるようになりました。昼休みにカーペットに横になって、友だちと話しながらコミックを読み、寛ぐ場面がみられるようになったといいます。

校長は「学校図書館を秘密基地のようなものにしたかった」と話してくれました。これは学校図書館を子どもたちの居場所の一つにする「サード・プレイス」の考え方に他なりません。まずは、少しでも多くの子どもたちが学校図書館にやってくることが大切で、そのきっかけの一つがコミックでした。学校図書館の運営を柔軟に考えることも、子どもたちの実情によっては必要ではないでしょうか。

# 物語や小説の点から線へ つなげる読書にいざなう

## 子どもへの声かけと学校図書館の企画展示の工夫をする

　物語や小説は子どもたちに人気です。物語や小説は人生を豊かにする余暇の一つですが、読書生活を自ら主体的に創造していくためには、さまざまな読み方があることを知ることが必要です。そのためには、子どもにさまざま機会を捉えて声かけを行います。また、学校図書館の企画展示では、点が線につながっていくような見せ方を工夫します。

## 点から線へとつなげる─同じ作家を読む─

　国語教科書で学んだ作品から少しずつ他の作品へ広げる、点（１冊の本）を１本の線でつなげていくような読み方を子どもたちに提案します。宮沢賢治を例に考えてみます。

　宮沢賢治『注文の多い料理店』 ⇨ 『宮沢賢治童話集』 ⇨
　⇨ 伝記『宮沢賢治』 ⇨ 『銀河鉄道の夜』 ⇨ 『宮沢賢治詩集』

　宮沢賢治の生涯と作品は密接に結びついています。作品は独立したものですので、文学を鑑賞する態度として、むやみに作家の人生と関連させて考えることには慎重であるべきでしょう。しかし、ここで提案している読み方は、賢治という１人の人間がどういう生き方をしたのかということに少しずつ接近していく読み方です。

　国語の授業で『注文の多い料理店』の世界を読み味わった後、賢治の童話集でさまざまな童話に触れます。その次に、賢治の伝記を読み、生涯に触れます。賢治が自然科学に深い知識があったこと、最愛の妹トシを病で亡くしていること、賢治が37歳という若さでこの世を去ったことなどを知ることができます。次には、賢治の代表作といわれている『銀

河鉄道』を読みます。この作品は、賢治の死によって未完のまま終わりました。賢治の思想が色濃く反映されています。繰り返し読んでも新たな発見がある作品です。そして最後に、『宮沢賢治詩集』にたどり着きます。賢治は膨大な数の詩を残しました。難解な作品が多いのですが、たとえ意味はわからなくとも、賢治の詩の独特の言葉に触れることは読書体験として意味を持ちます。

　このように教科書採録作品を出発点として、作家のさまざまな作品に触れる読み方は、点と点をつないで、１本の線、つまり、子どもなりの作家像や作品像を思い描くことへとつながります。童話作家としての顔だけではなく、伝記を通して真摯に生きた宮澤賢治というひとりの人間に触れ、童話作家としての賢治像が新しく塗り替えられるのです。

## 点と点は複線になる

　宮沢賢治の伝記を読んで賢治の生涯をもっと知りたいと思う子どもも出てきます。この場合、子どもには作品には進まない読み方を勧めます。ほかの作家が書いた賢治の伝記を勧め、読み比べてもらいます。また、中学生には賢治についての一般書を勧めます。このように点と点は、複線で進む場合もありますし、また作品に戻ってくる場合もあるでしょう。

```
                        ↗ 『銀河鉄道の夜』
伝記『宮沢賢治』 ⇒ ほかの作家が書いた賢治の伝記
                        ↘ 賢治についての読み物
```

　賢治についての読み物としては、『サガレン　樺太　サハリン　境界を旅する』（梯久美子/角川書店刊）や『宮沢賢治の真実　修羅を生きた詩人』（今野勉/新潮文庫）など、たくさん出ています。また、コミックでは『宮沢賢治の食卓』（魚乃目三太/少年画報社刊）があります。よく描かれた作品で、WOWOWでドラマとなり、DVD化もされています。賢治と妹トシの哀切に満ちた関係が美しく描かれており、質の高い作品に仕上が

っています。

## シリーズを読む

　子どもたちに人気のシリーズがあります。例えば、小学生には『かいけつゾロリ』（原ゆたか/ポプラ社刊）、中学生には『NO.6』（あさのあつこ/講談社文庫）が、人気の高いシリーズです。１人の作家のシリーズを読むという読書方法です。筆者の世代の少年たちは、江戸川乱歩の少年探偵団シリーズを読み耽ったものです。このような読み方を否定せず、子どもには、「１人の作家の作品を全て読もう」という目標を立てさせ、自覚的にシリーズに取り組むように促します。

## ジャンルを読む

　ファンタジー作品は子どもたちに人気です。その代表格は『ハリー・ポッター』（J.K. ローリング/静山社刊）ですが、ほかにもファンタジーのシリーズはあります。さまざまなファンタジーを読むという読み方は、ファンタジーという分野にもさまざまなものがあることを知ることへとつながります。やかでは、古典的なJ・R・R・トールキンの『指輪物語』（評論社刊）のような重厚な作品へとたどり着けるかもしれません。そういう道すじを示すことも学校図書館の役割の一つです。

## 映像化された作品と原作を読み比べる

　映像化された作品は読書のきっかけになります。例えば、中高生には東野圭吾氏の作品が人気です。映像と原作を読み比べると、共通点や違いを見つける読み方ができます。このような楽しみ方は、大人たちがよく行っている読み方でもあります。

# 第2部
## 先生が自分を磨くためのリノベーション

# I

# 先生のための
# 読書生活ガイド

公共図書館と書店を
使いこなす

# 本がもたらす豊かな時間

## スロー・ライフを見直す

　ポスト・コロナでは、例えば、旅行の場合、遠出ではなく、自分の住まいの近くに出かけるような楽しみ方、つまり、ローカルな楽しみ方が見直されるようになりました。散歩の良さに気づいた人も少なくありません。意外にも自分の居住地近くにある名所といわれるような場所にはなかなか出かけないものです。東京都民は、東京タワーや東京スカイツリーを自分が出かけていくような観光地としては認識していません。

　コロナ前には環境に配慮したロハスという考え方が徐々に浸透していました。ロハスとは、"lifestyles of health and sustainability"（健康で持続可能な、またこれを重視する生活様式）のことをいいます。SDGsも持続可能な社会の実現を目標に掲げています。

　近年では、モノをできるだけ持たない生活も見直されるようになりました。断捨離もその一つといえるでしょう。

　ポスト・コロナでは、改めて自宅での時間をいかに精神的に豊かなものにするか、つまり、スロー・ライフの良さについて、ますます考えるようになっていくでしょう。

「本当の豊かさとは何か」について考える本

## 本はスローなメディア

　世の中には楽しいものにあふれています。動画は短い時間にうまくまとめられているため、楽しさをすぐに感じとることができます。しかし、本の楽しさは、ゆっくりとやってきます。自分の読みの速さに合わせて、少しずつ楽しさが立ち現れてきます。楽しさを感じるまで時間がかかります。何でも手っ取り早く、スピーディなものが求められるような現代では、スローなメディアである本は、若者には特に受け入れられにくいのかもしれません。本のスローな時間は、テレビやインターネットのスピーディーな流れの時間とは異なります。本は、他のメディアとは質の違う意味での豊かな時間を与えてくれます。ジムでのトレーニングや趣味の時間もその一つですが、そういう余裕のない人も多いはずです。

　仕事や家事、子育てや介護に追われて、毎日はとてもあわただしく過ぎていきます。あっという間に１日が終わります。そのような時間から少し離れたところで、時間の質を変えて生活することは、精神的なゆとりが生まれることにつながります。それが本を読む時間なのです。

## すきま時間に本を読む

　通勤の電車やバスの中で、あるいは寝る前のわずかな時間に本を読む時間が確保できます。隙間時間の活用です。特に往復の通勤時間に本を読むと、毎日のことですから、けっこう多くの本が読めます。また、就寝前にスマートフォンを見ることはやめて、本に変えることで気持ちの切り替えができます。スマートフォンは、日常生活の延長です。スマートフォンには多くの現実が詰まっています。本を読みながら、そのまま寝てしまってもいいのです。静かに眠りに入ることができます。

　小さな子どもがいる場合、子どもに本の読み聞かせをしながら、親もそのまま寝てしまうことがあります。これもまた豊かな時間の過ごし方ではないでしょうか。子どもはあっという間に成長してしまいますから、このような時間は貴重なはずです。スローな過ごし方なのです。

# 書店に出かけてみよう

## 町の書店に出かけてみよう

　町の小さな書店がどんどん閉店しています。本が売れなくなっているのです。都市部においては、大型書店が生き残っていく傾向があります。しかし、大型書店と町の書店では役割が異なります。大型書店は多くの本を取り揃えるという役割があります。一方、町の書店は、地域住民に密着して本を届け、地域の文化を根底から支えるという役割があります。書店が街から消えるということは、地域の文化が損なわれていくということにつながります。しかし、多くの人はこのことに気づいていません。

　全国にはいろいろな工夫をして頑張っている本屋さんはたくさんあります。例えば、鳥取の駅前商店街にある定有堂書店（http://teiyu.na.coocan.jp）は町の小さな書店ですが、個性的な書棚を構成しており、意外な本と本がつながり、一つの小さな世界をつくり出しています。本同士の意外な結びつきは、訪れる人に新たな発見や本との出会いをつくってくれます。見事なまでに店内がつくり込まれた書店で、全国の書店員の聖地といわれています。近くにある鳥取県立図書館は「ここにくればどんな情報も手に入る」という質の高い住民サービスで全国的にも有名な公共図書館ですが、書店ともうまく共存しています。

**鳥取駅商店街にある定有堂書店**

## 本屋さんに行ってみよう

　町の本屋さんまで遠いという地域もあるでしょう。でも、何かの用事のついででもいいので、立ち寄ってみましょう。本だけでは経営が成り立ちにくいので、文房具や日用品を売っていたり、カフェを併設していたりと、経営上のリスク軽減に努めている書店も見られます。

　雑誌も売れなくなっています。売れゆきが悪いため、歴史のある雑誌も次々に廃刊されています。雑誌も文化の一つです。経営を安定させるために、さまざまな付録のある本が多く出るようになりました。

　単行本や文庫、新書といった売れにくくなっている本の比重よりも、雑誌の比重が多くなっている本屋さんは少なくありません。本屋さんでは、それぞれに工夫して経営に当たっているのです。

　町の本屋さんでは、本を取り寄せてもらう場合、1週間から2週間程度の時間がかかります。書店と出版社の間には、本を流通させるための取次業者が入っているため、どうしても時間がかかります。急ぐ場合には、ネット書店を使えばいいのですが、特に急ぎではない場合、1冊の本が届くのをじっくりと待つようにしてもいいのではないでしょうか。町の書店は、客のニーズにきめ細かく対応してくれるはずです。

## 書店の存続のために必要なこと

　佐野眞一氏の『だれが「本」を殺すのか』（2001年、プレジデント社刊、絶版）は、公共図書館がベストセラー本を何十冊も購入していることを批判しています。ベストセラーは多くの人が借りるため、1年も待たないと借りられない場合があります。それほどまでして借りるくらいなら、経済的に困窮していない限り、書店で購入してもらいたいものです。書店と公共図書館が長く共存していくためには、公共図書館の住民サービスを見直す必要はないでしょうか。大型スーパーと町の商店街との関係に似ています。作家もこのような公共図書館のあり方を懸念しています。

# 図書館に出かけてみよう

## 時間を見つけて図書館に行ってみよう

　近年、市区町村の自治体では、公共図書館の建物やサービスをリニューアルしています。地域的には公共図書館のない自治体もありますが、住民の要望を受けて新たに図書館を設置した自治体もあります。基幹となる中央図書館のほかに、独立した分館や公民館内に分室を設置するなどにより、住民の図書館利用の利便性を図るようにしている自治体もあります。

　公共図書館は、本を読む場所というよりも、むしろ、ゆったりとした時間を過ごす憩いの場所であったり、さまざまな情報を入手できる情報センター的な場所であったりします。地域住民のニーズにきめ細かく応えようとしています。住まいによっては公共図書館まで小一時間かかるような遠い地域もあると思います。特に目的を決める必要はありませんので、ぜひ時間を見つけて公共図書館を訪れてみてはどうでしょうか。きっと新たな発見があるはずです。

## 館内を歩いてみよう

　図書館には雑誌や新聞のコーナーがあります。また、新刊書のコーナーがあります。多くの図書館では日本十進分類法といわれる分類法によって所蔵図書を書架に並べていますので、例えば、文学に関心がある場合はその書架に行って並んでいる本の背表紙を見てみましょう。タイトルに惹かれて、読みたいと思う本があるかもしれません。また、郷土の歴史関係の本を集めた「郷土資料」のコーナーを設けている図書館も少なくありません。児童書のコーナーでは、読み聞かせなどのイベントを開催している図書館があります。トラブルを防ぐため、中高生と一般利

用者の閲覧席を分けている図書館も見られます。

## ユニークな図書館

　Toyamaキラリ（富山市立
図書館本館）は、富山市の中心
地にあり、富山市立ガラス美術
館と富山第一銀行の複合施設で
す。新国立競技場で著名な世界
的な建築家の隈研吾氏による設
計で、氏の建築の特徴である木
材をふんだんに使った美しい建
物です。書架一つにしても、こ
だわりを持って造られています。

富山市立図書館本館

　隈氏は、高知県高岡郡梼原町にある、ゆすはら雲の上の図書館も設計
しました。芝生の運動場や体育館などが入る複合施設になっています。

　金沢海みらい図書館は、美し
い外観が目を引きます。2、3
階は吹き抜けの広々としたフロ
アーになっており、館内には外
光が美しく降り注ぎます。全体
が白で統一されているため、落
ち着いた雰囲気になっています。
ここが図書館であることを忘れ
てしまうような空間です。堀場
弘氏と工藤和美氏の建築家ユニ

金沢海みらい図書館

ットによる設計です。国内外の建築賞も数々受賞しています。

　仙台市立図書館は、せんだいメディアテークと呼ばれる複合施設の中
にあります。せんだいメディアテークは美術や映像文化の活動拠点です。

「公共建築はみんなの家である」
という理念を持つ建築家の伊東
豊雄氏によって設計された特徴
的な建物です。哲学者の鷲田清
一氏が長く館長を務めています。
年末のイルミネーションで有名
な定禅寺通りに面して建ってい

せんだいメディアテーク

ます。震災時には天井が落ちる
など壊滅的な被害を受けましたが、職員や市民の力で見事に復興を遂げ
ました。

　伊東氏は、みんなの森 ぎふメディアコスモスも設計しました。この
建物も複合施設ですが、岐阜市立図書館はこれまでの図書館の概念を打
ち破るような特徴的な設計になっています。

　岡山県立図書館は年間利用者がきわめて多いことでも名高い図書館で
す。さまざまなイベントが開催されたり、児童書やヤングアダルトの図
書が充実したティーンズコーナーを設置したりするなど、さまざまな工
夫の見られる図書館になっています。

　鳥取県立図書館は、住民のあ
らゆる情報ニーズに応えられる
ように、多くのテーマ別コーナ
ーを設置しています。情報を知
りたくてどうしようか困った場
合には、まずは県立図書館に来
てほしいとのことです。住民の
目線に立ったきめ細かな対応を

鳥取県立図書館

している図書館のため、県民の信頼は厚いと思われます。

# 書評を活用して本を選ぼう

## 書評を参考にして本を選ぶ

　書評とは文字通り本の内容を紹介しながら批評した文章のことをいいます。特に小説の書評では本のオチを明かさない、いわゆる「ネタバレ」をしないことが鉄則です。内容がわかってしまえば、読んだ気になってしまい、小説家に対する非礼にもなります。かつて村上春樹氏の新作が出た際、ブログでネタバレをした批評家は強い批判を浴び、ブログは「炎上」しました。

　書評は、新聞、専門紙、書評サイトなどさまざまなメディアがあります。書評には難易度があります。さまざまな書評メディアに触れて、自分に合ったものを選んだり、あるいは目的に応じて使い分けたりするなど、うまく使えば、本を選ぶ際の参考になるだけではなく、自分の読書の広がりにつなげることができます。

## 新聞の書評

　新聞の書評はたいてい土曜日か日曜日の朝刊に掲載されます。各新聞社は独自に、作家、小説家、研究者などの書評委員を選定しています。書評委員による検討会議が行われ、本は慎重に選定されています。ただし、本好きの読書家に向けて書かれている傾向があるため、信頼度は高いのですが、内容的にはどうしても難しくなる面があります。新聞の書評は概してハードルが高いといえるでしょう。

　話題になった本は自然に売れていきます。しかし、人文科学、社会科学、自然科学などの本は売れにくくなっています。このような本を書評が取り上げることにより、耳目を集め、読まれるようになった場合もあります。この意味でも、書評は読者が限られる面はあるとしても、存在

意義があり、出版文化に貢献しています。

## ネット書店の書評

　手頃なのはネット書店の書評です。しっかりと書かれたものもありますが、一般読者の率直な意見が述べられていますので、偏りのある意見や思いつきも多々見受けられます。本を選ぶ際の参考程度に留めておくのが無難でしょう。

## 書評専門紙・書評専門誌

　『図書新聞』（株式会社図書新聞発行）と『週刊読書人』（株式会社読書人発行）はともに歴史のある書評専門紙で、本格的な書評や作家のインタビューなどが載ります。2紙ともウェブサイトが充実しており、Twitterもあります。一方、親しみやすいのは、本の雑誌社が出す『本の雑誌』です。さまざまな特集企画が特徴です。

## 書評サイト

　新聞社や書店は書評サイトを運営しています。このほか、書評家による書評ブログがあるなど、書評サイトは実に多岐にわたっています。それぞれ取り上げる本や性格も異なります。多くの企業が参加する新聞・出版社の書評まとめ読みサイト 'Book Bang' があります。このようなサイトも活用すると良いでしょう。仏文学者で作家の鹿島茂氏が立ち上げたインターネット書評無料閲覧サイト「ALL REVIEWS」もよくできています。

## 書評動画

　YouTubeには多くの書評動画がアップロードされています。話題になった本を取り上げる傾向がありますので、取り上げられる本は限定されます。著名人も書評動画を出しています。

　YouTuberにはインパクトのある動画をつくって、より多くの視聴者数を獲得することが必要ですので、客観的に本を批評するというよりも、面白おかしく語ることが重視されています。内容は参考程度に留め、本の批評を期待するよりも、動画そのものを楽しむと割り切って視聴するとよいでしょう。

## 松岡正剛の千夜千冊

　圧倒的な読書量と目利きでは作家の松岡正剛氏が挙げられます。自らウェブサイト「松岡正剛の千夜千冊 (https://1000ya.isis.ne.jp/top/)」を開設しています。書評そのものが松岡氏の見識と知性に満ちた「作品」とも呼べるような完成度をもっています。紹介された本の知識をあまり持たない者にも、本の魅力や本質をわかりやすく紹介し、批評しています。

　作家の井上ひさしが言ったように「むずかしいことをやさしく、やさしいことをふかく、ふかいことをおもしろく、おもしろいことをまじめに、まじめなことをゆかいに、そしてゆかいなことはあくまでゆかいに」を体現しています。千夜千冊をまとめた重厚な単行本があります。これをベースにした角川文庫がシリーズで出されています。一読の価値がある書評です。

# 新潮文庫の100冊、カドフェス、ナツイチを読む

## 夏休みの恒例フェアとして

　新潮文庫の100冊は文字通り新潮文庫のフェアとしてラインナップされる100冊です。カドフェスは角川文庫、ナツイチは集英社文庫のフェアです。夏休みに合わせて、毎年それぞれの文庫では選りすぐりの文庫をラインナップして、全国の書店でフェアが開催されます。多くの書店にラインナップされた文庫が平台に表紙を見せて並べられます。夏休みは本を読む時間がとりやすいことや、宿題として生徒に読書感想文を課す学校が多いことなどが背景にあります。主に中学生と高校生をターゲットにしていますが、毎年のラインナップを楽しみにしている大人も多いようです。

　新潮文庫の100冊は歴史が最も古く、1976年に始まりました。スタート当初のラインナップでは、古典的な名作の割合が高い傾向にありましたが、やがてエンターテイメントの作品も多く選ばれるようになりました。欧米では9月の新学期に向けて夏休みに文房具を取り揃えたフェアが開催される書店が多くあります。文庫フェアのようなしっかりとした取り組みは、我が国の出版文化の高さを示しています。新潮社、角川書店、集英社の文庫編集部が自信をもって選んだ作品ですから、ハズレはありません。もちろん読者との相性はあります。そして、フェアの期間中にラインナップの文庫本を買うと、しおり、ブックカバー、ブックバンドなどの各社独自のおまけがもらえる場合もあります。でも、すぐになくなってしまうので早い者勝ちです。

## 夏目漱石『こころ』にチャレンジする

　夏目漱石の『こころ』は100年以上も前に書かれた作品で、朝日新聞に連載された新聞小説です。岩波書店から刊行されました。また、『ここ

ろ』は、昭和30年代に高校の国語教科書に採録されました。やがて、ほとんどの高校国語教科書に採録されるようになりました。長い小説ですので、教科書ではあらすじ（梗概）をつけて、「下　先生と遺書」の一部を採録しています。高校の国語の授業で読んだという記憶を持っている人は多いと思います。高校時代に、２学期の授業で読むので予め文庫を購入して１冊全部読んでおくという宿題を出された人もいることでしょう。

　『こころ』は３社ともフェアのラインナップに入っています。文庫にはそれぞれ巻末に「解説」が載ります。解説といってもエッセイのようなものから本格的な批評まであります。『こころ』も３社とも解説を載せています。解説を難しく感じる人がいるかもしれませんが、読書案内の一つとして読むことにより、作品への理解が一層深まります。解説を読んでから作品を読む人もいますが、ミステリーでは解説でネタが明かされている場合もあるので、先に解説を読む場合は注意が必要です。

## 小さな読書案内

　３社とも小さな案内用のブックレットを出しており、書店に無料で置かれています。コラムも載っています。このブックレットを読書案内、一つの羅針盤として、積極的に読んでみてはどうでしょうか。ブックレットを読むだけで、ラインナップの本を読んでみようという気持ちも起きてくるでしょう。仮に読まなくても、作品に関する知識が増えます。

フェア中に無料でもらえるブックレット

# 好きな作家を持とう

## 国語教科書で学んだ作家を読む

　太宰治や宮沢賢治の作品は国語教科書に採録されていますが、ハードルが高いと感じる人もいるかもしれません。太宰治の『走れメロス』を中学校で学んでも、『人間失格』を読んだ人は多くありません。『人間失格』は、又吉直樹氏が大きな影響を受けた1冊に挙げています。また、大人にこそ読んで欲しいのが宮沢賢治の童話や詩の数々です。『銀河鉄道の夜』は未完の作品ですが、賢治が全力を注いで書いた、まさに賢治の思想が反映された作品です。実に深く、何度でも再読に耐えうる作品です。有名でも読んだことのないような作品は、意外にも多いものです。

## ベストセラーやロングセラーを読んでみよう

　どの本を読んでいいかわからない、書店や図書館に行っても本が多過ぎて選べない、という声を聞きます。そういう人は、ベストセラーとして売れている本から選んでみてはどうでしょうか。ベストセラーを読むことが「読書としてはどうなのか」と否定する人もいるのは確かですが、ベストセラーは「今」という時代を反映したり切り取ったりしていますので、それなりに読む意味はあります。何を読むかが大切です。例えば、新型コロナウイルスの感染症拡大に伴って、関連本が多く出るようになりました。新型コロナウイルスについて経済的な視点や疫学的な視点などで取り上げています。その中にはベストセラーも出るでしょう。ベストセラーは人々の関心がどこにあるのかを知ることにつながります。

　また、ロングセラーとして過去に売れた本が社会情勢の変化の中で再び売れるようになる場合があります。例えば、五木寛之氏の『大河の一滴』（幻冬舎文庫）は、人の生き方を考える味わい深いエッセイですが、新型コロナウイルス感染症拡大の中で、再び多くの人々が手に取るようになりました。社会の考え方の枠組みが大きく変化するような、いわゆ

る「パラダイム・シフト」が起きるときには、多くの人々が自分の生き方を問い直すようになります。そのようなニーズに応えた本は、新刊だけではなく、かつて売れた本や、古典といわれるような古い作品の中にも発見することができるのです。『大河の一滴』はまさにそういう1冊です。

## 好きな作家を持とう

　現代作家もまた、「今」という時代を切り取っています。さまざまな社会状況を直接的に、あるいは間接的に、そして象徴的に作品として仕上げています。文学コーナーに行き、書棚を見て、1人の現代作家から1冊を選びます。単行本も文庫本も帯にキャッチコピーや他の作家の推薦文が載っていますので参考にします。また、文庫の場合は、併せてカバーに内容が説明されていますので、帯と同じように参考になります。ただし、公共図書館の本の多くは、帯を外しています。そして、読んだ作家の作品が面白く感じられた場合は他の作品も読むことを勧めます。現代作家は多くの作品が文庫になっています。好きな作家ができた場合、作家の個人全集で全作品を読む方法があります。著名な作家であれば、全集には手紙（書簡）まで載せています。全集では多くの小説家の作品を載せたアンソロジーもあり、代表作を多く読むことができます。小説家の池澤夏樹氏が編集した日本文学全集は、独自の視点で作家と作品が選定され、これまでにないタイプの全集となり、多くの読者を獲得しました。

『大河の一滴』（五木寛之著/幻冬舎文庫）　角田光代訳『源氏物語』全3巻（『池澤夏樹＝個人編集・日本文学全集』/河出書房新社刊）

# サブスクから
# 広げてみよう

## 本のサブスクリプションを利用する

　サブスクリプションとは、料金を支払うことによって、製品や配信サービスなどを一定期間受けられることをいいます。製品のサービスとしては、ソフトウェア提供サービス、食品の宅配事業サービス、自動車レンタルサービスなどがあります。また、配信サービスとしては、映画や音楽配信サービス、動画配信サービス、書籍配信サービスなどがあります。

　例えば、電子書籍の配信サービスでは、アマゾンがKindle Unlimitedを提供しています。電子書籍の読み放題です。アマゾンは、Kindleという電子書籍専用のタブレットを売っていますが、スマートホンやコンピュータ、タブレットでも読めるようになっています。

　雑誌が読み放題の配信サービスには、ドコモが提供するdマガジン、楽天が提供する楽天マガジンがあります。また、auが提供するブックパスは、単行本、新書といった電子書籍や雑誌の読み放題です。携帯電話会社が運営しているということからわかるように、スマートホンで読まれることを前提にしています。

　漫画の読み放題は乱立しており、コミックシーモア読み放題やまんが王国など、多数の配信サービスがあります。

　動画配信サービスでは、U-NEXTが雑誌も提供していますが、映画の配信が中心のため、提供される雑誌の数は限られています。今後は動画配信サービスが電子書籍に参入してくると思われます。

　多くの配信サービスが無料のお試し期間を設けていますので、いろいろ試してみるのもいいでしょう。ただし、お試し期間が終わると、自動的に契約が継続されます。継続するつもりがない場合は、お試し期間を終える前に退会しないと料金が課金されますので、注意が必要です。

## 朗読で文学を楽しむ

　欧米の書店ではよく小説家による朗読会が行われ、多くのファンが駆けつけています。日本の小説家も海外の財団などから招待され、書店などで朗読をすることがあります。最近では、日本の小説も多くが翻訳され、世界中にファンを獲得していますので、小説家が自作を朗読する朗読会は人気が高いようです。しかし、日本にはそういう文化はありません。

　アマゾンには、海外の著名な作品の朗読CDが販売され、アマゾンでも購入することができます。日本では、新潮社が源氏物語や平家物語の古典の朗読をCD化しています。他には、小林秀雄や遠藤周作、井上ひさしなどの小説家の講演、現代文学の朗読をCD化しています。

## Podcastで文学作品のラジオドラマや朗読を楽しむ

　インターネット上で音声や動画を公開するPodcastには文学作品の朗読やラジオドラマが入っています。読むのが負担という人や気分を変えて文学作品を楽しみたいという人にはおあつらえ向きです。

　例えば、宮沢賢治のラジオドラマや朗読があります。ラジオドラマでは、声優が見事な演技をしています。ラジオドラマを聞いてから原作を読んだり、あるいはその逆で原作を読んでからラジオドラマにどのように作品の世界が再現されているかを楽しんだりと、原作とドラマを往復するような楽しみ方ができます。『銀河鉄道の夜』は未完の作品ですが、演出によってBGMだけではなく効果音も入り、原作が忠実に再現されています。賢治の『無性慟哭』という詩があります。若くして亡くなっていく妹トシを思う絶唱といわれる詩ですが、悲しみに満ちた透明な世界が見事なまでに再現されています。また、Podcastでは、賢治が作詞作曲した楽曲「星めぐりの歌」も聴くことができます。

　賢治の作品世界について学びたい場合は、Podcastには評論家の吉本隆明氏の講演もあります。

# II

# 学校図書館の情報化を進める

## オンライン時代を生き抜く

# 新たな情報センターを
# デザインする

## 情報教育の拠点を決める

　校内の情報教育の拠点はどこでしょうか。情報教育を推進する校務分掌はあるでしょうか、教務部に位置づけている学校は少なくはないと思います。次のように位置づけ直すことが必要です。

> 学校図書館を担当する分掌＋情報教育を担当する分掌＝〇〇〇〇〇部）

　学校図書館を単独に担当する分掌の場合、情報教育からは離れてしまいます。学校図書館を総合的な情報活用能力を育成する場所として位置づけ直して、学校図書館担当者と情報教育担当者の所属を同じにします。組織を同じにすることで話し合う機会が増え、声高に連携・協力といわなくとも、校内の情報教育の責任の所在が明確になります。分掌を同じにすることが難しい場合は、「図書館・情報教育委員会」といった委員会にして、両者を一緒にします。このような新たな分掌や委員会には、情報教育に詳しい人材を充ててもらうことが望ましいのですが、そのような人が見当たらない場合、意欲の高い人を充ててもらいます。

　学校図書館担当者と協力して知恵を出し合い、情報活用能力の育成に取り組むようにします。垣根を越えて、柔軟な取り組みに努めるようにします。

## 学校図書館の強みを生かすためのプラス α をつくりだす

　情報活用能力を育成する拠点として学校図書館を位置づけるためには、ICT活用、オンライン授業（遠隔授業）をプラス α の要素として付け加え、関連資料やPCなどの環境を整えます。ICT活用やオンライン授業はパソコンに詳しくなくても、いろいろと試しているうちに少しずつ使いこなせるようになるものです。若手の先生を学校図書館に配置し、情

報センターの機能の充実に取り組んでもらうようにします。

## 新たな情報センターとしての学校図書館の役割とは

　学校図書館と情報教育を一体化して取り組む場合、次のように役割が重なり合う業務が出てきます。その点に効果的な両者の連携が生じます。

**【学校図書館担当者と情報教育担当者の一体化】**

　　　　　　　　　　　○印：学校図書館担当者　　　■印：情報教育担当者

〈読書センター〉
○読書指導、校内の啓発
〈学習センター〉
○学習環境の整備
○探究学習の指導、校内の啓発
〈情報センター〉
○学校図書館メディア（図書、新聞、雑誌、ウェブサイト）の利用指導
○■コンピュータの整備・利用指導
○■情報モラルの指導
■ICT活用の情報機器の整備・活用方法の周知
■オンライン授業の環境（PC、ソフトウェア等）整備・利用方法の支援
○■先生の授業支援（教材研究用資料やデジタル・アーカイブ等の活用）

## オンライン授業に備えた立体的な授業づくり

　オンライン授業は学校教育を停止しないという役割があります。しかし、オンライン授業は感染症対策のためだけにあるわけではありません。学びの保障という役割です。ウェブ会議システムの場合は、長期欠席中の子どもや欠席しがちな子どもに対して学びを保障したり、教育相談を行ったりするなどの可能性も持っています。担任の先生にリアルに会うよりもオンラインで会う方が心理的な負担が軽くなる子どももいます。

　対面授業であっても、書画カメラの利用、プレゼンテーション・ソフトの活用、動画の利用など、日頃からオンライン授業の要素を取り入れたICT活用を導入し、「立体的な授業づくり」に努めることが必要です。

# デジタル・アーカイブを子どもの学びに生かす

## デジタル・アーカイブを使いこなす

　「アーカイブ」とは、重要な資料を整理し、保存することをいいます。もともとは公文書の記録保存のことでした。重要な資料をデジタル化し、インターネットで公開することにより、いつでもアクセスして閲覧できるようになりました。インターネットの通信速度が高速になったことにより、精細な写真、動画のアーカイブが整備され、違和感なく視聴できるようになりました。

## NHK for Schoolを活用する

　インターネットの通信速度がずっと遅かった2000年代初頭、ある学会の研究大会で、NHK放送文化研究所の研究発表を聞きました。NHK学校放送の過去の番組をインターネットでつないで、いつでも教室で利用できるようにすることを構想する内容でした。日本放送協会のテレビ放送開始50周年記念事業として、2003年2月、埼玉県川口市の複合施設「SKIPシティ」内に「NHKアーカイブス」を開設されました。一般市民の利用が可能な施設です。

　2011年から"NHK for School"が始まりました。この年、NHK教育テレビは、「Eテレ」と名づけられました。番組の編成は大幅に改編されました。NHKは学校放送だけではなく、総合テレビや長い歴史を持つラジオ番組の過去の膨大な番組のデジタル・アーカイブの構築に本格的に乗り出しました。"NHK for School"は、学校放送をデータベース化し、小学校と中学校の教科、総合的な学習の時間などの番組が視聴できるようになっています。中でも、理科と社会科の動画クリップは2分程度に編集されているため、授業利用がしやすくなっています。ウェブ

サイトは学習指導要領や学年からも動画を選べるように構築されています。単元に関連する動画を検索しやすいようにデザインされたウェブサイトです。家庭でのオンライン学習にも対応しています。

## Googleアースの活用

　Googleアースは、バーチャル地球儀システムとしてGoogleが開発しました。世界中の衛星写真を閲覧することができます。地球儀を回して地域を選び、徐々に近づいていくと、空撮写真となり、地表に近づいたところで３D写真になります。パソコンの画面上で行ったことのない国や地域のバーチャルな旅行ができます。画面は美しくつくられています。Googleアースは子どもの学びを変える大きな可能性を持っています。グーグルはGoogleアースをはじめとした地図関連コンテンツを教育で活用するため、専用のウェブサイトを設けています。

## 公的機関のアーカイブ

　多くの公的機関がデジタル・アーカイブ化を進め、無料で利用できます。

・独立行政法人文化財機構文化財活用センターの文化財情報リンク集
　国立博物館所蔵品統合検索システム、e国宝　国立博物館所蔵国宝・重要文化財、国立国会図書館デジタルコレクションなどのリンク集です。
　[https://cpcp.nich.go.jp/modules/r_free_page/index.php?id=21]

・国立公文書館デジタルアーカイブ
　「大日本帝国憲法」、「日本国憲法」、「終戦の詔書」などの貴重な文書が閲覧できます。[https://www.digital.archives.go.jp]

・国土交通省国土地理院
　さまざまな地図や空撮写真などが閲覧できます。
　[https://www.gsi.go.jp/top.html]

# 3 学校図書館活用法の ショート動画をつくる

## ショート動画をつくる

　学校図書館の活用法に関する動画をつくっておくと、オリエンテーションとして司書教諭や学校司書が子どもに対面で説明しなくても授業での活用ができるようになります。長い動画は制作に時間を要しますので、5分から10分程度でコンパクトにまとめた動画であれば、隙間時間を活用して、大きな手間をかけずにつくることができます。しかし、ビデオ・カメラをセッティングして解説用のスライドも用意してつくるとなると、大きな手間がかかってしまいます。そんな余裕は先生たちにはありません。プレゼンテーション・ソフトに音声だけを入れる方法や、フリーソフトにはワイプといわれる画面上の小窓に顔出しをして説明するタイプのものもあります。

## 教科や生活指導などへ応用する

　ショート動画づくりが校内に認知され、動画づくりを経験する先生が増えていけば、教科や道徳、そのほかの指導に利用しようという気運が生まれてきます。新型コロナウイルス感染症で陽性となった子どもに対するいじめが問題になりましたが、その根にあるものはほかのいじめと同じです。いじめ防止を啓発するショート動画をつくり、指導に活用し、全ての子どもに同じメッセージを伝えることができます。もちろん発達段階に応じて、動画を視聴させるだけで終わらせず、先生のしっかりとした説明が必要なのはいうまでもありません。

## パワーポイントのスライドに音を入れる

　パワーポイントやナンバーなどのプレゼンテーションソフトでスライ

ドをつくり、音声を録音するという方法は手間がかかりません。スライ
ドには、動画などのファイルを取り込むこともできます。

## 無料のソフトウェアを使う―loomを使ってみる―

　loomは無料で提供されているクラウド・サービスです。クラウド・
サービスですので、パソコンやUSBなどの外部記憶媒体に保存する必
要はありません。メールアドレスとパスワードを設定してサインインし
ます。GoogleやFacebookのメールアドレスとパスワードでもサ
インインできます。日本語版は出ていませんが、英語版であっても難しい
操作は必要ありません。YouTubeには使い方の解説動画が出ています。

　loomは、「スライドなどによるスクリーンとワイプによる顔出しの併
用（Screen＋Cam）」、「スライドなどによるスクリーンのみ（Screen
Only）」、「顔出しのみ（Cam Only）」という３つのモードを選んで動画
づくりができます。ワイプを入れると動画のデータ容量は重くなります。

　制作したデータは、loomのウェブサイト上に自動的に保存されます。
保存されたデータは、mp4という形式のファイルでダウンロードできま
す。ダウンロードしたファイルをYouTubeにアップロードしたり、
Googleドライブと連携してアップロードしたりすることができます。

　クラウド上では、フォルダーをつくって分類したり、動画の名前も変
更したりできます。不要な動画は削除できます。クラウドは、専用のデ
ータベースとして使うことができます。

## 情報倫理規定に従って利用する

　公立学校の場合、外部のフリーソフトを使う場合、学校を管轄する教
育委員会の規定に従う必要があります。フリーソフトの利用が認められ
ない場合はありますが、クラウド上に個人情報等のデータを残さないの
であれば例外的に認められる場合も考えられます。いずれにしても、個
人で勝手に使用するのではなく、校長に相談することが大切です。

# 地域や他校との交流に ウェブ会議を取り入れる

## ウェブ会議が進むポスト・コロナ社会

　新型コロナウイルス感染症の拡大に伴い、企業などの在宅勤務では、zoomなどによるウェブ会議（ビデオ会議ともいいます）が取り入れられるようになりました。しかし、公的機関での活用が増えたとは聞きません。日本の社会では、さまざまな前例の踏襲がデジタル化の動きを阻んでいます。zoomなどのウェブ会議は、ジムや道場、趣味の教室など、民間でのオンライン活用として積極的に進められました。しかし、社会には絶対にオンライン化できないサービスが多くあります。学校もまた対面を原則とする場所ですが、オンラインの導入もまた必要なのです。

## ポスト・コロナ社会の新たなスキル

　ポスト・コロナでは、感染症の拡大とは関係なく、さまざまな場面でウェブ会議の活用が進展していくことが考えられます。学校教育では、ウェブ会議は先生が主体となったオンライン授業での活用でしたが、これからは子どもが主体となった活用を意識していくことが必要です。ウェブ会議の活用は、先生だけではなく、子どもたちにとっては、ポスト・コロナ社会をたくましく生き抜く新たなスキルとして位置づけていくことが大切です。対面の大切さに気づくきっかけにもなります。

## 地域の高齢者との交流にオンラインを活用する

　総合的な学習の時間や社会科で郷土学習を行う際、地域の人たちにインタビューを行う場合があります。高齢者にインタビューを行う場合、同居する家族でウェブ会議ができる人がいれば、学校と結んでインタビューができます。

また、デー・サービス施設や高齢者ホームなどとオンラインで結んで、子どもたちが歌を披露したり、高齢者と子どもたちが会話を楽しんだりするなどの交流会を開催することができます。対面でのコミュニケーションができるのが理想ですが、それがどうしても叶わない場合には、ウェブ会議を使うことにより、地域との交流を諦めなくて済むのです。

## 他校との交流に活用する

　同じ地域の学校同士で郷土をテーマにした学習を行い、zoomやウェビナーなどのウェブ会議を使って交流し、学習発表会を行うことができます。また、近隣にある他校の児童会・生徒会や委員会と交流する際にも活用できます。他校の活動と目的を定めて交流することにより、子どもの視野が広がります。

　これまで自校の中で完結していた学びや、児童会・生徒会活動・委員会活動は、ウェブ会議の活用により新たな広がりを生みます。例えば、児童会・生徒会・委員会活動の交流により、一緒にボランティア活動を行うことに発展するなど、新たな機運が生まれる可能性を持っています。オンラインによる交流は、子どもの新たな学びをつくりだすためのチャンスと捉えて、積極的に導入していくのです。先生たちの発想の転換が求められています。

　ウェブ会議は複数のパソコンで音を出すとハウリングを起こしてしまうという技術的な弱点があります。使用するパソコンは少なくして、ウェブ会議用のカメラを用意し、テレビ・モニターにつなぐようにします。

## 運動会などの学校行事に活用する

　運動会では、校庭で活動するのは演目や競技に出る子どもとその保護者に限り、ほかの子どもたちは教室でテレビ・モニターを見て応援します。全校集会、学芸会・文化祭などの学校行事にも応用できる方法です。校内ネットワークの技術的な課題が整備できれば、実現できます。

# 子どもの「学習マネジメント能力」を高めるTeams活用

## Teamsは情報共有のためのツール

　マイクロソフト社が提供するOffice365は有償のソフトウエアですが、無料版もあります。企業や学校での導入が進んでいます。同じ画面上でコメントを記入したり、資料や動画などのファイルもアップロードできたりします。ウェブ会議もできます。複数のチームを設定できますので、閲覧や利用の制限をしなければ、他のチームの情報も共有することができます。まさにTeamsの文字通りに、チームに所属するメンバー同士が情報を共有することのできるソフトウェアです。学校で利用する場合、全教職員によるチームを設定するほか、各学年や分掌ごとのチームも設定し、校内のきめ細かな情報共有が可能になります。Teams上での情報共有により、会議を減らすことが可能になります。オンライン授業のプラットフォームとしてTeamsを導入する学校も増えています。

## 探究学習のチーム運用に活用する

　単元の配当時間数が多くなるような探究学習でグループ学習を導入する場合、グループによって学習の進み具合に差が出てきます。全てのグループの学習状況を把握し、きめ細かな指導を行うのは容易ではありません。しかし、Teamsを導入すれば、子どもたち同士で疑問を共有し、教え合うことを促せます。子ども同士はもとより、先生も子どもの学習状況を把握し、グループに対するきめ細かな指導が可能になります。このようにICTは個に応じた指導を可能にするというメリットがあります。事前につまずきやすいところを見つけやすくなります。

## 探究学習では子ども自身が学習プロセスを管理する

　探究学習で配当時間が多いような設定の場合、子どもたちが課題解決というゴールに向けて確実に歩んでいるかどうかを「マネジメント」する必要があります。しかし、たとえTeamsを使ったとしても、先生にできることには限界があります。グループ学習の場合、子どもたち自身が自分たちの学びをマネジメントしていく能力を身につけることが大切です。学習プロセスの中に、子どもたちが協働的に自己管理能力を身につけていけるような場面を用意します。子どもたちには、次の3点に絞ってコメントを記入するように指導します。

・調べてわかったこと（情報提供）
・グループのメンバー同士で確認すること（確認）
・わからないこと（疑問）

　Teamsの状況を見て、必要に応じて先生がアドバイスを行います。

【学びのマネジメント能力を養うための振り返り（リフレクション）】

| |
|---|
| **事前評価**<br>・学習前にすでに知っていることはあるか<br>**事中評価**<br>・学習目標を理解できたか<br>・課題解決に向けてどのくらい学習が進んでいるか<br>・学習の進め方で見直すべきことはあるか（分担や協力のしかた、スケジュールの組み方）<br>・すぐに取り組むべきことはあるか<br>**事後評価**<br>・課題解決はできたか<br>・学習の進め方はどうだったか（分担や協力のしかた、スケジュールの組み方） |

　Teamsを活用し、記入したコメントを材料にして確認しながら学習プロセスを振り返り、自己評価や相互評価に取り組みます。

# 授業づくりに データベースを活用する

## 教育用のデータベースを活用する

さまざまな教育機関がウェブサイトで教育用のコンテンツを提供しています。先生向けのさまざまなデータベースがあり、授業づくりの参考にすることができます。

ただし、このようなデジタル情報はウェブサイトの機関が廃止されると閲覧できなくなってしまいますので、注意が必要です。ウェブサイトの運営母体の組織改編、資金不足などの経済的事情のほか、ウェブサイト自体が社会的な役割を終えた場合にも廃止されます。

## 授業づくりに生きるデータベース

### ・国立教育政策研究所教育研究情報データベース（通称：ERID）

教育研究情報推進室が、関係機関の協力を得て、教育に関する情報を収集し、データベース化して提供しています。地方教育センター等における教職員研修講座、学習指導要領、各都道府県教育委員会が実施した公立高校の入試問題、全国小・中学校研究紀要など、内容ごとのデータベースがあります。全国小・中学校研究紀要では、学習指導案が検索できますので、授業づくりの参考にできます。[https://erid.nier.go.jp]

### ・先生のための授業に役立つ学校図書館活用データベース

東京学芸大学の学校図書館運営専門委員会が運営するデータベースです。授業と学校図書館、読書、情報リテラシー、学校図書館の日常、テーマ別ブックリストなどの項目があります。条件を指定した検索機能はなく、キーワード検索です。学校図書館活用に関するさまざまな情報が集約されています。[http://www.u-gakugei.ac.jp/~schoolib/htdocs/]

## ・新聞を活用した教育実践データベース

　日本新聞協会の「教育に新聞を　Newspaper in Education」のウェブサイトに1000以上の実践を掲載しており、新聞を活用したさまざまな実践が検索できます。

[https://nie.jp/report/index.html]

## ・特別支援教育教材ポータルサイト

　独立行政法人国立特別支援教育総合研究所のポータルサイトです。教材・支援機器と授業実践を検索するページがそれぞれあります。障害種、特性・ニーズ、主な対象年代、教科などを選択して検索できます。

[http://kyozai.nise.go.jp]

## ・インクルーシブ教育システム構築支援データベース

　教育実践のデータベースです。キーワード検索のほか、障害種、在籍状況、学年、基礎的環境整備の観点、合理的配慮の観点といった条件を指定して検索できます。インクルーシブ教育に関する用語の解説が掲載されており、基本的なことが理解できるように工夫されています。

[http://inclusive.nise.go.jp/?page_id=110]

## ・教育の情報化の推進（リンク集）

　文部科学省のウェブサイトにあります。公的機関につながる網羅的なリンク集で、やや古い情報も見られます。

[https://www.mext.go.jp/a_menu/shotou/zyouhou/detail/1369648.htm]

## ・教育とICT Online

　ICT活用のニュースを掲載しています。日経BP社が運営しています。

[https://project.nikkeibp.co.jp/pc/]

# 知識を生かす
# 社会につなげる

# 読解力と汎用的な能力

## 読解力とリテラシー

　本を読むと読解力が上がるとはよくいわれることですが、読書量と読解力の関係を明らかにした研究はほとんどありません。何をもって「読解力」とするか、定義が難しいからです。国語のテストの点数が高いと読解力が高いと思われますが、国語のテスト問題は、いまだテクストの詳細な読み取りを問うものが多く、これは狭い意味での読解力を指しています。そもそも学習指導要領に読解力という言葉はありません。日常生活の場面で「あの人は読解力がある」などという使われ方をすることは稀です。むしろ、「理解力」の方が使われる頻度が高い言葉です。学校の学力と社会の学力に乖離が起きていたのです。

　全国学習学力状況調査の国語Ｂ問題に見られるように、読解力の捉え方は広くなっています。情報を評価しながら必要な情報を的確に読み取り、読み取ったことを自分の言葉で適切に表現する能力が求められています。情報の評価と取捨選択をする思考力と判断力、そして読み取ったことを目的や場面に応じて適切に示す表現力は、実社会や実生活でも必要とされる能力に他なりません。このような目的や場面に即した活用力は、リテラシーといわれます。

## 2003年PISAショックに始まったリテラシー

　OECD（経済協力開発機構）が2000年に始めた「生徒の国際学習到達度調査」（PISA）は、15歳の生徒を対象としています。PISAは「読解力」、「数学的リテラシー」、「科学的リテラシー」の３分野を調査します。「読解力」は"reading literacy"ですので、読解力のみ、「読解リテラシー」と訳さずに公表したことになります。その背景はつい深読みしてしまいます。2003年の調査では、日本では全国の高等学校等の１年生約

4,700人が受けました。数学的リテラシーと科学的リテラシーがいずれも１位であったのに対して、「読解力」だけが14位でした。「読解力」が低下したことはなぜか大きく喧伝され、ゆとり教育批判のきっかけにつながりました。「PISAショック」と呼ばれ、報道でも大きく取り上げられました。

　学力とは何かが十分に議論されないまま、文部科学省は学力向上施策に舵を切りました。ゆとり教育といわれた学習指導要領への移行が始まらないうちに、また、ゆとり教育への否定もされないまま、方向は転換されたのです。背景にはゆとり教育をよしとしない行政サイドの対立があったことも想像に難くありません。

## 国際標準の学力観に転じる

　学校だけではなく、その他の場面に応用できる能力や行動特性をコンピテンシーといいます。1997年から2002年にかけて行われたOECD（経済協力開発機構）のDeSeCoプロジェクトによって示されました。汎用的な能力といわれるものです。マイクロソフトなどが出資した国際的な研究から導かれた「21世紀型スキル」はコンピテンシーと重なりを持つものです。欧米をはじめ、シンガポールやタイ王国などのアジアの国々においても、21世紀型スキルの習得を目標にかかげる学校が多く見られます。私が2016年にタイ王国文部省の学力向上を担当する統括官に面会した際、「21世紀型スキルを習得させるための大きなプロジェクトにとって、農村部の隅々までコンピュータを行き渡らせてICT活用を推進することが欠かせない」と話していました。

　日本では、リテラシーや21世紀型スキル、コンピテンシーといった言葉ではなく、「資質・能力」と表現されています。能力にだけ限定せず、資質と能力を「・」をつけて並列的に表しており、能力主義という批判を受けないようになっています。我が国の教育も、国際的な動向を取り入れ、学習指導要領にうまく落とし込んでいます。

# Society 5.0が描く社会

## Society 5.0

　Society 5.0は、2020年になって頻繁に取り上げられるようになりしました。内閣府が提言したものです。狩猟社会（Society 1.0）、農耕社会（Society 2.0）、工業社会（Society 3.0）、情報社会（Society 4.0）に続く、新たな社会を指しています。2020年、新型コロナウイルス感染症拡大の中で、科学技術政策として出された「統合イノベーション戦略2020」に改めて位置づけ直されました。ワクチン開発が急がれているように、公衆衛生や医療分野においても、我が国のイノベーションが急務となっています。

　Society 5.0は、「サイバー空間（仮想空間）とフィジカル空間（現実空間）を高度に融合させたシステムにより、経済発展と社会的課題の解決を両立する、人間中心の社会（Society）」（内閣府『経済発展と社会的課題の解決を両立する、人間中心の社会』による）と定義されます。「サイバー空間（仮想空間）とフィジカル空間（現実空間）を高度に融合させたシステム」とはいったい何でしょうか。

## ビッグデータの集積と人工知能の活用

　Society 4.0まではインターネットを介してデータベースなどのクラウドシステムにアクセスし、データを入手していました。しかし、Society 5.0では、フィジカル空間（現実空間）のセンサーが情報をビッグデータとなるように収集し、人工知能が解析し、その結果を人間の求めに応じてフィードバックしてくるというシステムが想定されています。「センサー」と無難に説明されていますが、スマートフォンが集める個々人の位置情報、街中の防犯カメラなども入りますので、個人も特定でき

るようになるため、治安維持にも活用されます。すでに、スマートフォンの位置情報はビッグデータとして集められています。東日本大震災の直後の人々の行動は、携帯電話の位置情報によって詳しく把握され、災害時における避難行動の対策に役立っています。

　使い方を誤ると、高度な監視社会につながってしまいます。あたかも、ジョージ・オーウェルが未来の監視社会を描いた『1984』を体現したかのような社会です。

　すべてのモノとインターネットがつながる社会が想定されていますので、家電をインターネットとつなぐIoT（Internet of Thing）が前提になっています。例えば、冷蔵庫の開け閉めで在宅時間がわかりますし、エアコンやガスの使用時刻で私生活の中身が把握されてしまいます。つまり、ビッグデータとして個々人の情報が集積することが、Society 5.0に欠かせないのです。このように便利な社会は、リスクと表裏一体であることがわかります。

## Societyの学校像

　Society 5.0の学校を文部科学省は学校ver.3.0として提言しています。学校ver.3.0の学校では、子どもの学習履歴がスタディ・ログにデータとして蓄積され、子ども一人ひとりに最適化された学びが提供されます。

　また、学習の場は、「教室での学習のみならず、大学、研究機関、企業、NPO、教育・文化・スポーツ施設、農山村の豊かな自然環境などの地域の様々な教育資源や社会関係資本を活用して、いつでも、どこでも学ぶことができるようになる」（『Society 5.0に向けた人材育成〜社会が変わる、学びが変わる〜』"Society 5.0に向けた人材育成に係る大臣懇談会 新たな時代を豊かに生きる力の育成に関する省内タスクフォース"による）と予想されています。学習指導要領で示された「社会に開かれた教育課程の実現」のその先にある社会像です。

# 3 著作権の指導と
著作権法

## 探究学習を「丸写し学習」と揶揄されないために

　インターネットの普及に伴い、情報が簡単に手に入るようになりました。情報にたどり着くまでの時間が短くなっています。そのため、情報を入手する有り難さを実感できなくなっています。電子情報のコピー＆ペーストもこのような情報へのアクセスのしやすさが背景にあると思います。

　学校図書館を活用して行う探究学習は、「調べ学習」といわれることが多いのですが、「丸写し学習」と揶揄されてもいます。「丸写し学習」とならないようにするためには、資料の利用に当たって、著作権を侵害しないための意識づけや発達段階に即した具体的な指導が必要です。

## 典拠の示し方の指導が大切

　発達段階と学習内容によって、何を指導するかを選択する必要があります。しかし、「他人が書いたり作ったりしたものを大切にする」という意識づけは、どの学年にとっても必要な指導です。情報モラルの指導と関連づけて行います。

---

- ・本文をそのまま引用する
　　引用箇所を「　」で示し、著者、書名、出版社、刊行年などの出典は引用後に（　）付きで示します。
- ・本文を要約して紹介する
　　レポートなどで図書などを要約して示す場合にも、出典を示すようにします。
- ・ウェブサイトの引用や紹介
　　ウェブサイトの機関名、URLアドレス、最終閲覧日を示します。

---

## オンライン授業における学校での著作物の利用

　著作権法の第三十五条は「学校その他の教育機関における複製等」についての規定です。オンライン授業（遠隔授業）を見通して、著作権法の第35条第1項には、次のように規定されています。

　学校その他の教育機関（営利を目的として設置されているものを除く。）において教育を担任する者及び授業を受ける者は、その授業の過程における利用に供することを目的とする場合には、その必要と認められる限度において、公表された著作物を複製し、若しくは公衆送信（自動公衆送信の場合にあつては、送信可能化を含む。以下この条において同じ。）を行い、又は公表された著作物であつて公衆送信されるものを受信装置を用いて公に伝達することができる。

　著作物の複製やオンライン授業での利用は、授業に必要なものに限定し、安易な利用は慎むべきです。教科書に準拠したドリル等の問題集のように、個人がそれぞれ使用するものを安易に複製して用いたり、オンラインで提示したりアップロードしたりするのは、倫理的にも避けなければなりません。

　2020年、新型コロナウイルス感染症が拡大し、休校措置の中でのオンライン授業（遠隔授業）に対応するため、「授業目的公衆送信補償金制度」が当初の予定を早め、2020年4月28日から施行されました。第2項には次のように規定されています。

　公衆送信を行う場合には、同項の教育機関を設置する者は、相当な額の補償金を著作権者に支払わなければならない。

　この制度は、学校等の営利を目的としない教育機関では、スタジオ型の同時一方向の授業、異時で実施される授業、予習・復習のための著作物の送信等を行う場合に、教育機関が補償金を支払うことにより、著作権者に許諾を得ることなく一定の範囲内の利用を可能とする制度です。

# 学問知、専門知と実践知をつなぐ学びの実現

## 専門知がもたらす社会の不安

　2011年の東日本大震災で起きた原子力発電所の炉心溶解（メルトダウン）は、専門知の限界を知らしめました。当時、さまざまな専門家がメディアに登場し、それぞれの専門家の立場で、ある意味では好き勝手に発言をし続けました。専門的な見地からの発言は、全体像を含めた対策や知見を示すことができませんでした。そして、私たちを不安に陥れ、被災者の人たちを傷つけました。2020年の新型コロナウイルス感染症拡大の中でも似たようなことが起こりました。専門家の知見は、市民の感覚とはずれている面も見られました。ある情報番組で公衆衛生の専門家が「日本もニューヨークのようになります」と繰り返し発言したことがその典型です。

## ポストコロナ時代の専門知への向き合い方

　私たちは簡単に「専門家」といいますが、学問知は細分化され、限定的な範囲の中で問いが立てられ、研究がなされます。問いは学問知の体系の中で立てられていますので、専門家の問いはそのまま実社会に直結しているわけではありません。

　感染症の専門家とはいっても、公衆衛生の研究者と医学の研究者では意見が異なります。医学でも、臨床医と研究医では立場が異なります。例えば、公衆衛生の知見では陽性者の隔離を主張しますので、自ずから社会の分断を引き起こします。社会の分断への知見は公衆衛生の立場は関与しません。ある意味無責任に見えますが、けっしてそうではありません。

　感染症対策にも、総合診療医・救命医のように、医学の知見を救命救

急という現場の医療に実践的に応用できるような、「知を総合化する知見」が必要なのです。

## 横断的に学ぶことの大切さ

これからの学校教育で求められるのは、知識をどのように活用していくか、この知識は社会のどこにつながっていくのか、という知識に対する自覚的な態度です。これは短絡的に「実用的」ということではありません。

私自身の経験をいえば、高校1年の時の数学で三角関数を学びましたが、測量で応用されると説明されても、実社会に接近しすぎているため、かえって胡散臭く感じたものでした。しかし、高校2年になり、物理の「波」の単元で三角関数を再び使ったとき、数学の知識が物理につながっていることを実感して、モヤモヤしたものが晴れた感じがしました。

教科は教科内容を体系づける知識群で構成されており、教科自体が便宜的な区分です。教科独自の内容だと思っていたものが、他の教科でも扱われていることは多くあります。

これからの学校教育では、教科内容の関連性を見出して、教科を超えて横断的に取り扱ったり、中学校であれば他教科と連携したりすることが求められます。しかし、これは教育内容に限ったことではありません。

## 専門知を実践知へとつなげる

ものの見方や考え方は、教科ごとの独自の教育内容を他教科と結びつけていくための接着剤のようなものです。例えば、「三角関数」は知識ですが、数学のものの見方・考え方をベースにしています。物理の「波」は、物理のものの見方・考え方をベースにしています。

ものの見方や考え方を意識した学びを取り入れることは、教科の学びを蛸壺化させず、実践知として生かす道筋を示すことになります。

# 子どもの読書活動の推進に関する法律

## 「子どもの読書活動の推進に関する法律」から20年近く

　2001年、議員立法により「子どもの読書活動の推進に関する法律」が施行されました。第二条にこの法律の基本理念が示されています。

第二条　子ども（おおむね十八歳以下の者をいう。以下同じ。）の読書活動は、子どもが、言葉を学び、感性を磨き、表現力を高め、創造力を豊かなものにし、人生をより深く生きる力を身に付けていく上で欠くことのできないものであることにかんがみ、すべての子どもがあらゆる機会とあらゆる場所において自主的に読書活動を行うことができるよう、積極的にそのための環境の整備が推進されなければならない。

　政府には、子ども読書活動推進基本計画の策定、都道府県には都道府県子ども読書活動推進計画の策定、市町村には市町村子ども読書活動推進計画の策定を努力義務とすることが示されました。学校、家庭、地域の役割も示されました。この法律に基づいて都道府県、市町村ともに積極的に読書活動推進計画を策定しました。

　すでに法律の施行から20年近くが経っており、読書活動推進計画が第6次の策定にまで至っている自治体も見られ、少しずつの改善をしながら継続的に取り組まれています。

## 子どもの読書活動優秀実践校の表彰

　子どもの読書活動の推進に関する法律の策定以降、読書活動が積極的に推進されるようになりました。文部科学省は、都道府県ごとに「子ど

もの読書活動優秀実践校」として表彰するようになりました。その対象は、学校だけでなく、公共図書館や民間団体の活動も含まれます。地域で地道に子どもの読書活動に努力してきた人々が表彰されることは大きな励みになります。今後の読書活動には学校だけでなく、保護者や地域を巻き込んでお互いに連携して取り組んでいくことが一層求められます。

## 学校司書と学校図書館の整備計画

　教育施策を実現していくためには、いわゆるヒト、モノ、カネを充実させることが欠かせません。まず、「ヒト」ですが、いわゆる学校司書の配置です。残念ながら義務教育の学校では自治体によって配置状況には差が見られます。毎日、学校司書を配置している自治体もあれば、非正規職員が複数の学校を巡回している自治体もあります。民間委託が導入されている自治体も見られ、賛否が分かれています。

　一方で、学校司書の法的な整備は行われました。学校図書館法を改正し、それまで職としての位置付けが曖昧だった学校司書を「学校図書館担当職員」として位置付けるとともに、司書教諭との連携・協力の在り方などの役割が具体的に示されました。その結果、司書教諭と学校司書がともに受講する研修会を開催する教育委員会が見られるようになりました。2016年には文部科学省より「学校図書館ガイドライン」と「学校司書のモデルカリキュラム」が示されました。「学校司書のモデルカリキュラム」に基づいた科目を用意する大学も見られるようになりました。法的な整備と有識者会議の提言により、学校司書の専門性がようやく認知されたといえます。

　次に、「モノ」と「カネ」ですが、学校図書館の環境を整備するため、政府は「学校図書館図書整備等5か年計画」を策定し、2017年度からは第5次になりました。学校司書の配置も予算に位置付けられました。この予算は地方交付税のため、予算化は首長の判断次第となり、学校図書館に割り当てられる予算額に差が出ています。

# 6 ユニバーサル・デザインの考え方を取り入れる

## 学校図書館を全ての子どもに配慮した空間に整える

　さまざまな色合いの紙などを使って館内に装飾を施し、見た目にも華やかで賑やかな雰囲気にしている学校図書館は少なくありません。また、館内サインの不統一や掲示物などの文字情報が多い学校図書館もあります。このような学校図書館では、気持ちが落ち着かなかったり、混乱してしまったりする子どもがいることを忘れてはなりません。子どもに良かれと思っている活動であったとしても、他のチェックが働かない場合、あるいは子どもの情報がない場合、館内の環境づくりが独善的になってしまう場合もあるのです。合理的配慮の考え方が必要です。

## ユニバーサル・デザインの観点での校内環境の見直し

　ユニバーサル・デザインの学校図書館では、どの子どもにも理解しやすいサインや掲示を施します。また、館内環境づくりにも配慮します。近年の学校では、障害のある子どもと障害のない子どもがともに学ぶ「インクルーシブ教育」の考え方が少しずつ浸透し始めています。インクルーシブ教育の考え方は、多様性を認め合う共生社会の形成にとって欠かせません。保護者の側でも、障害のない子どもと共に学ぶ環境を希望している場合が少なくありません。発達障害や学習障害の子どもの中には、情報量の多い環境が苦手な子どももいますので、近年では、校内の掲示物の体裁を統一したり、子どもへの指示の出し方、授業での教師の立ち位置などを統一したりしている学校が見られます。校内の場所によって掲示の表現方法が異なっていたり、先生によって指示の言葉が異なっていたりすると、混乱したり困ったりする子どもがいます。
　このようなユニバーサル・デザインの観点での取り組みは、一人ひと

りの子どもの立場に立って、日頃の教育活動を改めて見直すということでもあります。学校図書館だけが特別な空間ではありません。学校図書館は子どもの日常の学校生活の動線の中にありますので、他の空間と著しく異なる空間にする必要はありません。

## 校内の組織的な連携と情報共有の大切さ

学校図書館は他の教室から物理的にも精神的にも隔てられた空間になりがちです。司書教諭や学校司書という単独の職種が担当することもあり、独善的になってしまう場合もあります。子どもにとって「特別な場所」であっても、教員や職員にとって特別な空間にする必要はありません。どの子どもに対しても開かれた場所であることが大切です。そのためにも、配慮が必要な子どもの情報を全員が共有し、学校としてどのような取り組みをしていくか、共通理解を図ることが必要です。特別支援教育コーディネーターとも連携しながら、校内研修会を通して、子どもの立場に立った校内環境づくりに努めることが大切です。担任や養護教諭との連携も求められます。

## 学校図書館の環境を複数で評価する

小学校の場合、学年を考慮すると、学校図書館はサインや掲示物、展示物などの情報量が多くなります。また、楽しい空間にしようと思うあまり、装飾物に凝ってしまう場合もあります。

しかし、ユニバーサル・デザインの観点で改めて学校図書館を評価し直すと、統一のとれない、情報過多な環境に気づきます。館内環境の精査に取り組むことで、大切なものが見えてきます。このような評価活動は学校図書館担当者が１人で行うのではなく、分掌の他の教員や、時には管理職にも相談しながら、組織的に取り組んでいくことが大切です。複数の視点であれば、さまざまなことに気づく可能性があるからです。

# ICT活用と オンライン授業の整備

## ネットワーク環境の整備とオンライン授業

　新型コロナウイルス感染症拡大に伴う休校措置では、オンライン授業が実施できないことが問題として大きく取り上げられました。地域や学校によって差はありますが、書画カメラ、電子黒板、プロジェクターといった情報機器の普及とともに、ICT活用が進展しつつありました。

　しかし、オンライン授業ができなかったのは、ICT活用が推進されても、校内にネットワーク環境や、オンラインで子どもの家のパソコンとつなぐシステムが整備されていなかったことでした。

　そもそも、先生が1台ずつのパソコンとメールアドレスなどを支給されている区市町村は多くはありません。管理職への整備にとどまっています。オンライン授業どころではなかったといえるでしょう。

## クラウド・サービスとセットのオンライン授業

　オンライン授業の情報は、学校が設置したサーバーに保存するわけではなく、インターネットと民間のシステムを結んだクラウド・サービスを利用します。例えば、子どもが個人で、あるいはグループごとにタブレット上で行ったワークシート等の学習成果物は、ネットワークを介して、先生と全ての子どもに共有できます。また、教室であれば電子黒板に映すことも可能です。

　休校措置以前に、全国の多くの高校では、ある民間企業のオンライン学習のシステムが導入されていました。生徒はスマートフォンで動画を視聴したり、教員や生徒同士でやりとりをしたりします。全校休校措置に伴い、アップロードされる情報量が急増したため、民間企業側のサーバーのデータ容量が追いつかず、うまく機能しなくなってしまった時があ

りました。

　オンライン授業では、動画のアップロード、ウェブ会議のソフトウェアを用いたライブ授業などにより、情報量が格段に増加します。ソフトウェアの法人契約と導入が必要ですが、当然、情報量を見通した契約が必要になります。私立学校は別として、公立学校では学校単独で判断できるはずはなく、学校を管轄する教育委員会が進めることになります。

## オンライン授業のタイプ

　オンライン授業には、教材・学習材をアップロードするオンデマンド型、ライブで行う双方向型、動画配信型のほか、対面授業を同時配信するハイブリッド型があります。ハイブリッド型は教室内の密集を避けられる方法の一つとして、あるいは学校に来られない子どもへの活用として、大きな可能性を持っています。

## GIGA（ギガ）スクール構想で見失いがちなこと

　政府のGIGAスクール構想は、義務教育を受ける児童生徒のために、1人1台の学習者用PCとネットワーク通信環境などを整備します。5年間の事業計画で、2019年12月に打ち出されました。子ども1人あたり1台のパソコンやタブレットを支給しただけでは、オンライン授業は実現できません。インターネットを使ってネットワークのシステムと接続するわけですが、文部科学省は次のように説明しています。

> 　1人1台端末の整備と併せて、統合型校務支援システムをはじめとしたICTの導入・運用を加速していくことで、授業準備や成績処理等の負担軽減にも資するものであり、学校における働き方改革にもつなげていきます。

　子どもの学習課題の受領、学習課題に対するコメントや評価などのフ

ィードバックはもとより、成績処理もオンラインでできるようにシステムを整備しておくということです。

多くの大学では、オンラインで、出席確認、シラバスの登録、成績処理もできるようになっています。導入システムの違いにより、できることとできないことがあります。

ただし、大学の場合も、教員の側では１つのプラットフォームで全てを行うことはできず、少なくとも２つのプラットフォームを使いこなす必要があります。このため、複数のシステムを使いこなすためのスキルが必要になります。小・中学校の場合も、使い勝手の良い授業支援・学習支援システムの設計と使い分けが大切です。

## 「児童生徒１人１台コンピュータ」の実現を見据えた施策パッケージ

### <ハード> ICT環境整備の抜本的充実

- 児童生徒１人１台コンピュータを実現（１台当たり４．５万円を補助。令和５年度までに、小中全学年で達成）
- 高速大容量の通信ネットワーク（令和２年度までに、全ての小・中・高校・特別支援学校等で校内ネットワークを完備（1/2補助））
- 全国の自治体や学校が、より容易に、より効率的・効果的な調達ができるよう支援
（モデル仕様書を提示、都道府県レベルでの共同調達の推進、調達説明会の開催）

誰一人取り残すことのない、個別最適化された学びの実現に向け、
来年１月、全国の首長・教育長等を対象とした「学校ICT活用フォーラム」を開催し、
ハード・ソフト・指導体制一体で、全国各地での取組を加速化
民間企業等からの支援・協力による、ハード・ソフト・指導体制の更なる充実

### <ソフト> デジタルならではの学びの充実

- デジタル教科書・教材など良質なデジタルコンテンツの活用を促進
（来年度から順次全面実施となる新学習指導要領とセットで）
- 各教科等ごとに、ICTを効果的に活用した学習活動の例を提示
（「教育の情報化に関する手引」を公表・周知）
- AIドリルなど先端技術を活用した実証を充実
（来年度中に「先端技術利活用ガイドライン」を策定）

### <指導体制> 日常的にICTを活用できる体制

- （独）教職員支援機構による、各地域の指導者養成研修の実施（来年１月に実施）
- ICT活用教育アドバイザーによる、各都道府県での説明会・ワークショップの開催
（来年度から全都道府県に配置）
- ICT支援員など、企業等の多様な外部人材の活用促進
（令和４年度までに、ICT支援員は４校に１人程度配置）

**今後の主な検討課題**
- ✓ 教師の在り方や果たすべき役割、指導体制の在り方、ICT活用指導力の向上方策（今年度中を目途に方向性）
- ✓ 先端技術の活用等を踏まえた年間授業時数や標準的な授業時間等の在り方、学年を超えた学び（早急に検討）
- ✓ デジタル教科書の今後の在り方（来年度中を目途に方向性）

（文部科学省、2019年）

## 先生たちのICT活用能力の向上が必須

　学校にオンライン授業の環境が整備された後、教室の対面授業にもICTを積極的に導入していかなければ、仮にオンライン授業が始まるような事態になったとしても、システムを活用できなくなってしまいます。ネットワークを介して子どもたちが教室内で情報を共有し、子どもたちがリアルタイムでお互いの情報の「見える化」（可視化）を行いながら、学習を進められるような授業を実現することが必要です。

　このような授業を校内に広めていくためには、システムを使いこなすための研修はもとより、個人情報の取り扱いや著作権などの先生に対する情報モラル教育が必要です。

　そして、何よりも、先生たちをサポートする専門的な知識とスキルを持った外部支援員などのスタッフを配置することが必要です。システムを整備しただけでは使い勝手は向上しませんし、システムの改善点を教育委員会の担当者に上げていくことが必要です。教育委員会の積極的な対応が求められます。

# エピローグ
## ―イノベーションからリノベーションへ―

## イノベーションからリノベーションへ

　経済学者のJ.A.シュンペーターは、『経済発展の理論（初版）』（日本経済新聞出版、2020年）の中で、現在でいうところのイノベーションの概念に当たる考えを提案しました。シュンペーターは、経済活動の観点から、生産方法、財貨、組織などの面での新しい「結合」の諸相を定義しました。イノベーションは前例の踏襲を否定する、いわば創造的な破壊です。

　学校では、大胆なイノベーションは馴染みませんし、生まれにくい面があります。イノベーションは、先生たちの毎日の実践を否定しかねないからです。これまで積み上げてきた実践から視点を少し変えてみることで、新たな実践につながります。マイナーチェンジではなく、リノベーションです。修復や再生、刷新や改革という意味を持つ言葉です。

　リノベーションは、建物全体をつくりかえ、新たな価値を生み出すことをいいます。建物全体をささえる骨組は大きく変更しませんが、壁も床も天井も間取りもすっかりつくり変えてしまいます。似て非なるものにつくりかえることかもしれません。

## オンライン授業は日頃のICT活用の先にある

　本書では、学校図書館を活用した学びとその周縁部に焦点を当てました。学校図書館を情報教育と連携させることにより、位置づけの転換を図ることも提案しています。

　新型コロナウイルス感染症の拡大は、これまでの価値観を根底から問い直す機会になりました。もう感染拡大前の社会には戻れませんし、戻る意味もありません。むしろ価値観の転換を好機と捉え、例えば、学校図書館を子どもたちの居場所にする工夫をしたり、ICT活用を少しでも前進させたり改善させたりするなどに取り組む必要があります。

オンライン授業の必要性を声高に主張しても、日頃の授業の中でICT活用を進めていない限り、いきなりオンライン授業は実現できません。オンライン授業の中でも、ウェブ会議システムを用いた双方向型の授業では、日頃からアクティブラーニング型の授業をしていないと、すぐには対応できません。ソフトウェアの機能を生かしきれないのです。

　例えば、zoomを用いたオンライン授業では、zoomのブレイクアウトルームという機能を用いて、グループ・ディスカッションができます。ホストである教員はそれぞれのグループに参加できますので、ディスカッションを聞いて助言したり、自らディスカッションに参加したりすることもできます。

　オンライン授業は、技術的な面が大きいと思われがちですが、実は教育方法の要素が大きいのです。日頃から学習者主体の学びを実現しようとしていなければ、オンラインだからといって、ただちにオンラインのメリットを生かした授業ができるわけではありません。

## 小さな気づきを改善に結びつけ「賢い学校」ワイズ・スクールをつくる

　社会の価値観の転換期こそ、学校教育の新たな好機となります。パラダイム・シフトをチャンスと捉えることから始まります。そして、不易流行を押さえた「賢い学校」（ワイズ・スクール）が実現できます。

　学校図書館という場所は、地味に見えがちですが、学校図書館の教育機能というものを考え、工夫をしながら子どもの学びに生きた場所にしようとチャレンジした時こそ、可能性に満ちた場所に転換します。

　学校図書館の存在意義を新たに問い直し、組織的な取り組みを進める中で、本当の意味で子どもを大切にする学校を実現することへとつながっていきます。

　本書が学校図書館とその周縁をめぐって、読者の実践の小さなヒントになることを願います。

稲井達也

【著者紹介】

稲井達也 （いない・たつや）

1962（昭和37）年、東京都生まれ。大正大学人間学部教授・附属図書館長。博士（学術）。専門は国語科教育学、学校図書館学。上智大学文学部国文学科卒業、筑波大学大学院図書館情報メディア研究科博士後期課程修了。第41回学校図書館賞受賞（2011年）、第59回読売教育賞国語教育部門優秀賞受賞（2010年）。日本 NIE 学会常任理事。日本国語教育学会研究部会・高等学校部会運営委員。公益社団法人全国学校図書館協議会参事。著書に『高校授業「学び」のつくり方―大学入学共通テストが求める「探究学力」の育成―』（東洋館出版社）、『資質・能力を育てる学校図書館活用デザイン―「主体的・対話的で深い学び」の実現―』（学事出版）、『「探究」の学びを推進する高校授業改革―学校図書館を活用して「深い学び」を実現する―』（共著、学事出版）、『主体的・対話的で深い学びを促す中学校・高校国語科の授業デザイン―アクティブラーニングの理論と実践―』（共編著、学文社）、『世界から読む漱石『こころ』（アジア遊学 194）』（長尾直茂・上智大学研究機構ほか編著、分担執筆、勉誠出版）、『授業で活用する学校図書館　中学校・探究的な学習を目ざす実践事例』（編著、公益社団法人全国学校図書館協議会）、『教科力シリーズ　小学校国語』（松本修編著、分担執筆、玉川大学出版部）、『高校生・大学生のための読書の教科書』（共編著、学事出版）、『これならできる！楽しい読書活動』（共編著、学事出版）、『図書を活用した楽しい学習活動〈小学校編〉』（共編著、学事出版）、『「社会に開かれた教育課程」を実現する学校づくり』（共編著、学事出版）、『高等学校「探究的な学習」実践カリキュラム・マネジメント～導入のための実践事例23～』（編著、学事出版）、『「学校 ver.3.0」時代のスクールマネジメント～高校経営 9 つの視点と15の実践～』（小松郁夫・監修、稲井達也・編著、学事出版）、『子どもの学びが充実する読書活動15の指導法』（学事出版）などがある。

学び合い育ち合う学校図書館づくり

新しい時代の学びのリノベーション

2020年11月16日　初版第 1 刷発行

著　者── 稲井達也

発行者── 花岡萬之

発行所── 学事出版株式会社

〒101-0021　東京都千代田区外神田2-2-3
電話03-3255-5471
http://www.gakuji.co.jp

編集担当　丸山久夫
イラスト　海瀬祥子
装　　丁　精文堂印刷デザイン室　三浦正已
印刷製本　精文堂印刷株式会社